JN278112

What is **strategy**
and
what is not

戦略の原点

Shimizu Katsuhiko

清水勝彦

テキサス大学サンアントニオ校
アソシエイト・プロフェッサー

日経BP社

まえがき

「迷ったら基本に戻れ」とは、よく言われます。しかし、経営戦略の「基本」とは何でしょうか？　コンサルティングやＭＢＡの普及に伴い、日本でも経営および経営戦略に関する情報や書籍は氾濫しています。半面、一世代前に書かれた大前研一著『企業参謀』（講談社文庫、プレジデント社）以降、何度も読み返すべき戦略の基本を説いた本はあるでしょうか。最新さを追い求めたり、一時しのぎのテクニックに走ったり、そうかと思えば、逆に総花的な議論に終始したりする内容が多いように思います。

私は現在、テキサス大学サンアントニオ校でアメリカ人に経営学を教えていますが、基本をおさえたはずの教科書が、「包括的」な半ば事典に置き変わっているのは、経営学の本場・アメリカでもよく見られる現象です。どうも学者、先生と呼ばれる人々は広い知識を披露できる網羅的な教科書が大好きなようです。

しかし、分厚くて網羅的な教科書をだらだらと説明する価値はありません。「枝葉」に隠れて本当に大切な「幹」が見えにくくなってしまうからです。したがって、私のクラスでは、ケーススタディやウォール・ストリート・ジャーナル紙の記事などを使った応用と基本とを分けて教えています。本書は、その基本部分を中心に、少し日本風にアレンジしてまとめ直したものです。

本書の核は「基本」です。「すべての数学の基礎となる九九」のような、幅広く応用が可能な基本にフォーカスしてそれをきちんと説明することです。ここでいう「基本」の意味は、初心者が学ぶべきことというだけにとどまらないという意味で、野球にたとえれば「素振り」といってもいいと思います。初心者はもちろん、大リーグのマリナーズ、イチロー選手だってヤンキース松井秀喜選手だって毎日やっているのが「素振り」です。

イチローや松井がスランプに陥ることがあるように、経験豊富な経営者でも間違えたり、あらぬ方向に進んでいってしまうことがあるかもしれません。だからこそ、経営のことは十分分かっているはずの人であっても、「素振り」をし、自分のフォーム、基本を確認することは大切なのだと思います。

本書はそうした初心者にとっても、ベテランにとっても大切な経営の「素振り」を助けるためにかいたつもりです。どんな日にも欠かさないという素振りについて、松井秀喜はこう語ります（Ashahi.com 二〇〇七年三月一日）

振りながら自分のバッティングについて、いろいろ考えられますからね。ボールがきたらそちらに意識が行きますからそうはいかない。自分に集中できる練習なんです。

包括的な教科書や最新の経営書によって論理武装をされた方にとっては、本書が目指す「戻るべき基本」はシンプルすぎるかもしれません。しかし「シンプル・イズ・ベスト」もまた真実です。難しい問題に対して、難しいコンセプトやテクニックで対応しようとするのも一つの手ですが、多くの問題は基本を抑えていくことで解決の道筋が見えてくるものです。

もちろん、幹だけで枝葉がまったくないのも問題でしょう。しかし、枝葉を使う、活かすためには、枝と幹がきちんと整理された形で頭の中に位置付けられなくてはなりません。いくらよいコンセプトがあっても、整理されていなければ、使おうとしても使えません。いつ使えばよいのかもわからないこともあるでしょう。誤解を恐れずに言えば、新しいテクニックやコンセプトではなく、毎年毎年新しくなる「枝葉」を理解する「幹」に集中して、出来るだけ掘り下げてみたつもりです。本書はビジネスマンにとって、迷ったときに使うコンパス、素振りのための鏡になることができればよいと思います。

『戦略の原点』

目次

第6章 企業戦略 …129

第1章

私がテキサス大学で教えている「基本」

英語が下手だから編み出した講義スタイル

私がテキサスに住み始めて一一年、現在いるテキサス大学で教え始めて七年になります。前職の戦略コンサルティング会社には約一〇年（うち二年はＭＢＡのため留学）いましたので、ちょうど半々になります。コンサルティング会社を辞めて進んだテキサスＡ＆Ｍ大学の博士課程の最後の二年間を含め、トータルで九年間、大学四年生を対象としたキャップストーンクラスで経営戦略を担当してきました。さらに、ここ何年かは修士課程（ＭＢＡ）、博士課程（Ph.D.）の経営戦略のクラスを担当することが増えてきました。

キャップストーンクラスとは、会計、財務、経営といった細かい専攻分野にかかわらず、ビジネス分野の学生が卒業するために必ずパスしなくてはならない最後のクラスで、一学期（一年二学期制）約三〇回（一回七五分）のクラスです。

はっきり言って、私は英語がうまくありません。コンサルティング会社を辞めてこの道に飛び込んだわけですが、いざ「英語で教える」ということになって、随分びびりました。博士課程の学生のときは策を講じて、出来るだけ教えなくてすむように担当の教授に掛け合ったりしたことを覚えています、ちなみに、アメリカのビジネススクールの学部生の講義は、一流校であっても半分以上は博士課程の学生など「正式な教授」以外の講師が教えています。

どうしても教えなくてはならなくなり、ほかの人の教え方を見たり、聞いたり、考えたりした結果、自分が立てた作戦は「出来るだけ余計なことはしゃべらない」ことでした。これは、ＭＢＡの学生のときの経験ですが、アメリカ人、日本人を問わず、結構「いろいろしゃべっているんだけど、結局、何が言いたいのかわからない」発言が多いのです。

頭のいいアメリカ人は、それでも何とか意味ありげにまとめることができるでしょうが、英語の苦手な日本人、つまり私は、そんなことはとてもできませんでした。だいたいが、しゃべればしゃべるほど傷口を広げることが多かったのです。おそらく、その大きな理由は、「本当に言いたいこと」がきちんとわかっていなかったからだと思います。ＭＢＡの後半では、まず「言いたいことは何か」を自分に問いかけ、出来るだけ短い発言をするようになりました。では、「出来るだけ余計なことはしゃべらない」で学部四年生にどう最後の「シメ」になる経営戦略のクラスを教えるのか？

「経営の九九」を考える

私は大学時代は法学部に席をおいていたので、日本の大学で経営戦略をどう教えているのか、授業はどうなのか、知りません。アメリカの学部では、教科書が中心でケースもいくつか、ＭＢＡ（経営大学院）ではケース中心といった形が主流です。「ごたごた言わずに、学部生には教科書に沿って教えればいいではないか」という考え方もありますが、それでは自分の価値は何かという問題が出てきます。「学生は学校に来ないで教科書を読めばいい」となっては困ります。

また、教科書が長いのです。随分いろいろなものがありますが、私が使うベストセラー教科書といわれている『経営戦略、第7版（コンセプトのみ）』（ヒット、アイルランド、ホスキッソン著）は約四五〇ページ、いい紙を使っていることもあり、定価は約一〇〇ドルです。ケースがついたハードカバーは、さらにプラス三〇〇ページです。これは、どの教科書でもほとんど変わりがありません。

最初に教えることになった九年前、この教科書の第4版を随分一生懸命読みました。結構必死でした。一方で、強く感じたのは、面白い部分もあるが、こんなことは必要ない、現実には何の役にも立たないだろうと思われるような部分もかなりあるということでした。

全13章、戦略、競争優位は何かというところから始まって、国際化戦略、リーダーシップ、アントレプレヌールシップといったところまで大変よく網羅してあるのですが、これは大学四年生にそのまま全部読ませたら退屈するばかりか、混乱してしまうのではないかと思ったものですし、その気持ちは今でも変わりません。

そもそも、社交や就職活動に忙しい学生が読むかどうかも怪しいものです。経営戦略のいろいろな側面を網羅し、さらに最近の事例をちりばめることが「理論と実践を融合した良い教科書」と思われているのだと思います。

しかし、そうした網羅的な教科書は、本来カバーすべき「基本」が、その他多くの情報と一緒になった「事典」になっています。結果として、多くの「枝葉」に隠れて本当に大切な「幹」が見えづらくなっていると思います。そんな話をアメリカの出版社の人とすると、「それはわかっているんだけど、落とした枝葉が好きな人がいたらどうする」ということで、教科書は改訂が進むたびに次々と新しい項目が付け足され、めったに削られることもなく、毎年厚く、値段も高くなっているということです。

話を戻します。経営の問題は多種多様です。ソニーの問題が松下電器に当てはまるとは限りませんし、今日のソニーの問題と明日のソニーの問題とはまた違うでしょう。その意味で、答えを求める、答えを「覚える」ことは、あまり意味のないことだと思います。

私は、最初のクラスを、いつも次のような話で始めます。

私「2×3は?」

学生「6!」

私「５×７は？」

学生「35！」

私「１２９８７×７６４５２は？」

学生「……（稀に、あてずっぽうで答える生徒も）」

私「会社を経営するのは簡単ではない。今日のように、競争や技術が毎日のように変われればなおさらだ。次々と毎日出てくる問題や機会に対応しなくてはならない。こうした環境で、一番大事な力は「答えを覚える」ことではないと思う。答えを覚えようとするのは、１２９８７×７６４５２とか３７６５９×７７６２１とかをすべて覚えようとするようなものだ。もちろん、出来るのならしたらいいと思うが、普通の人には難しい。

このクラスで君たちに学んでほしいのは、そういうことではない。掛け算は、八一のパターンをきちんとマスターし、それをどのように使ったらよいかを知っていれば、どんなに難しい問題でも、時間はかかるかもしれないが解ける。どんなに複雑そうな問題でも、問題自体が複雑なわけではない。

ほとんどの場合は、基本的な問題が複雑に絡み合っているだけだ。算数と同じように、経営戦略でも2×3、5×7のような『基本』をマスターし、それを応用する力をつければ、今までに聞いたことのないような問題でも取り組むことはできるはずだ。『経営の九九』をマスターし、それを応用する訓練をすること、それがこのクラスで君たちに学んでほしいことだ」

まあ、なめられてはいけませんので、少し意気込んではいますが、これは日本でもアメリカでも同じように言えることだと思いますし、学生だけではなく、多くのビジネスマン、場合によっては経営者に対しても言えることではないでしょうか。技術の変化、顧客ニーズの多様化、国際化、……環境変化はとどまることを知りませんし、そうした中で問題をどう捉え、どう対処してよいか悩んでいる企業人は少なくないはずです。

「迷ったら基本に戻れ」と言われます。しかし、経営戦略の基本とは何でしょうか？

日本でも経営および経営戦略に関する情報や書籍は氾濫しています。一方で戻るべき「基本」を簡潔に記した「教科書」はどこにあるでしょうか。さまざまな問題に対して、さまざまな新しいアイデア、コンセプトが生み出され（あるいは輸入され）、そして消えていくのは、結局そうしたアイデア、コンセプトが「基本」にきちんと根付いて理解され、応用されていないからではないでしょうか。

網羅せず、処方箋は書かず

私が経営戦略のクラスで伝えたいと思っているのは、最新の経営手法でも成功企業の秘密でもありません。私が教えているのは**「経営の九九とその使い方」であり、野球で言えば「素振り」**だと思っています。あまりにも基本的であるために、学生から落胆の声や不満が聞こえることもしばしばです。もっとホットでセクシーなトピック、コンサルティング会社が盛んに宣伝しているようなことを教えてほしいと思っているようです。

しかし、基本は基本であるからこそ応用範囲が広く、これまでにない問題にも使えるのです。これまでのビジネスモデルが立ち行かなくなったとき、「はい、次はこれですよ」と次々と提示されてくる「最新の経営手法」のうちの、いったいどれだけが本当に役に立ち、生き残っているでしょうか。「基本」は地味ですが、少なくとも現在のビジネスモデルを分解し、どこをどう変えたら良いかという出発点とツールを与えてくれるはずです。

日本でもアメリカでも、コンサルティング会社を巻き込んだ鳴り物入りの「企業変革プロジェクト」が往々にして失敗したり、実行されないまま自然消滅したりするのをみると、こうした「基本をマスターし、応用する」ことが、環境変化の激しい今こそ大切であると思います。

実際にカルロス・ゴーンの下、部署横断チーム（Cross-functional team）を率いて大胆なコスト削減の提案・実行を手掛けたある課長は、こんなことを言っています。

「自分たちとしては、これまでにないやり方だと思っていたのだが、いざよくみてみると、とても単純なことだ（straightforward）。日産の問題とは、当たり前のことをきちんと実行できなかったところにあるのかもしれない」

（出所：Implementing the Nissan's Renewal Plan, Harvard Business School Case）

その意味で、私がテキサスで教えていることは当たり前のことばかりで、何も新しいことはないのかもしれません。しかし、毎年毎年新しくなる枝葉や花を理解し、生かしていくには根や幹がしっかりしていなくてはなりませんし、そうした地味な基礎体力こそが、不透明な時代に問われているのです。だからこそ、大打者だった巨人の川上哲治、長嶋茂雄は言うに及ばず、松井秀喜やイチローは、一流になっても、あるいは一流であり続けるために「素振り」をしてきたのではないでしょうか。

これが、英語が苦手で「出来る限りしゃべらない」で、しかも「いい授業」をする私の作戦ですし、逆にいろいろな経営書、経営テクニックに食傷気味になっている方にとっても、もう一度自分のスタイルを見直してみる、鏡に自分を映して素振りをするという意味で、価値があることではないかと思います。ちなみに、授業ごとに行われる学生からの評価では、いろいろな学生がいますので私への不満も率直に出てきます。「英語がわかりにくい」「アメリカ人の先生を雇え」などと書かれたこともあります。しかし、おおむね学生たちの評判は良く、平均して五点満点中四点から四・五点くらいを取っています。

すでにお気づきになっているとは思いますが、ここで本書のベースとなる私の考え方の特徴、または限界についてもう一度触れておきたいと思います。ちなみに、私は経営書全般について、もっと「限界」に言及する必要があると思っています。どんなにすごい本でも、使えるところと使えないところがあるはずで、それを読者にはっきり示すのは著者の役目だと思うからです。

まず第一は、この本は網羅的ではないということです。「経営戦略といっておきながら、最近日本企業にとって最もホットなM&Aの話が少ないじゃないか」「インターネットをはじめとしたグローバル化こそが戦略の最も重要な問題だ」「アジアはどうした」「どのように起業するかの話がない」などなど、この本で直接言及していないけれども、重要なテーマは数限りなくあります。

しかし一方で、そうしたテーマについてすべて言及しようとすれば、前に述べた「事典」になってしまいます。アメリカでは日曜大工が盛んで、電気ノコギリをはじめ、小さな冷蔵庫ほどもある工具箱を持つ人も少なくありません。ところが、実際によく使う工具は極めて限られているようです。ねじ回しでも、それはそれはたくさんの種類があるのでしょうが、結構よく使うのは一つか二つではないでしょうか？

もちろん、いろいろな種類があったほうがいいのかもしれませんが、それによってかえって混乱したり、本当に使い勝手のいい「基本ねじ回し」がどこにあるのかわからなくなってしまうとすれば、むしろ逆効果でしょう。この本には「新しいことがない」と申し上げましたが、もしあるとすれば大胆にテーマを絞っていることです。

基本をよく理解しておけば、深く触れられていないテーマ、たとえば自分で会社を興そうとするとき、M&Aに対して取り組む機会があったときに、見方や考え方の深みも随分異なってくると思います。「花」「枝葉」を理解し、生かすための「根」「幹」と申し上げたのは、そういうことです。

もう一つの特徴は、この本には「あなたの会社はこうすればよくなる」「こうすべきだ」という処方箋が書かれていないことです。スタンフォード大学のフェッファー、サットン両教授は、失敗企業だけを取り上げて失敗要因を挙げるのが間違いやすいのと同じように、「成功企業だけを分析して、成功要因を抽出するのは間違いが多い。経営書は、もう少し科学的に取り組むべきだ」と指摘しています（『Hard Facts, Dangerous Half-Truths, and Total Nonsense: Profiting from Evidence-based Management』）。

ある人は、経営者は長期的な視野が必要だから、長期政権でないと結果が出せないといい、ある人は権力は澱むから、長期政権の会社は失敗しやすいと指摘するなど、よく見ればいろいろな例が挙げられます。本書でもいろいろな実例、ケースを取り上げますが、それは「だからこうしなさい」と言うためでなく、「基本を理解」するためです。ヘンリー・ミンツバーグ（カナダ・マギル大学教授）がよく言うように「処方箋の前に、実態をきちんと理解しろ」ということです。

その意味で、この本を読んだからといって、あなたがすぐに会社の問題を解決したり、より効果的な戦略が出来たりすることはありません。その前に、あなたのスイングを見直していただきたいのです。あなたの戦略を考える工具箱に入っている基本の道具が、いったいどういうものかを十分に理解していただきたいのです。少しくらい時間がかかっても、ノコギリで釘を打とうとしたり、ねじ回しで木を切ろうとすることに比べ、じつはずっと効果的ではないかと思います。

頭を刺激する本

それと関連して、ここで展開される基本については必ず両面を議論するように心がけました。どんな戦略であっても、リスクのない戦略はありません。激変する環境の中で、競争相手も必死です。あなたが考えたアイデアは十中八九、競争相手も考えているとみるべきです。もし「明らかにこれだ」「簡単な選択だ」と思ったとすれば、おそらく重要なポイントをどこか見落としていると考えたほうが良いでしょう。戦略施策のプラス、マイナスは一〇〇対〇どころか、七〇対三〇でさえないでしょう。その点を十分見極めたうえ、五一対四九と思えるところまで突き詰め、白黒をつけるのが、経営をすることだと思います。

また、この本ではアメリカの事例を多く採用しています。自分がアメリカにいるので、それを若干売り込む目的もあるのですが、もう一つの目的はそうした事例から多くを学ぶこともできることを示すことです。国際化の流れの中で、文化や市場の「違い」ばかりが強調されますが、違いの正しい認識は、共通点を理解してはじめて可能になるのだと思います。「国の文化の違いは、往々にして失敗の言い訳ばかりに使われる」(カルロス・ゴーン)という指摘を、心して受け入れる必要があると思います。

また、事例には新しいものばかりでなく、随分古いものもあります。教えていても「もっと新しいケースを使ってほしい」という要望がしばしば挙がります。しかし、本当に新しいニュースを知りたければ新聞や雑誌を読めばよいのです。新しい事例がいろいろなヒントを与えてくれる以上に、時代のテストを経て生き残った古典のケースは、基本を理解するのに大変わかりやすい例になります。九九や素振りがいつ発明されたかは知りませんが、温故知新の精神は、事例の選択にも貫かれています。

最後に、この本には、事実も多く含まれていますが、一方で私個人の解釈、意見も多く含まれています。コップに半分残ったビール（水でもいいのですが）を「まだ半分ある」と捉えるか「もう半分飲んだ」と捉えるかと同様、同じ現象についても、見方、着眼の違いでさまざまな解釈が成り立ちます。ですから、この本は「基本」についての議論を展開していますが、必ずしもすべてに「そのとおりだ」と思っていただく必要はありません。いろいろなご批判も甘んじて受けたいと思います。

しかし、もし「本当にそうだろうか？」「この場合には別の考え方のほうがよいのではないか？」と立ち止まって、これまで当たり前だと思っていたこと、あまり考えていなかった経営のさまざまなことに思いをめぐらせていただくことができれば、これほど私にとって嬉しいことはありません。**価値のある本とは、必ずしも「正しいことが書いてある本」ではなく、自分の考えを「刺激してくれる本」だと思うからです。**

第2章

経営戦略とは何か

競争に勝つための作戦

経営戦略のクラスなら、まず「**経営戦略とは何か**」から始めるのが至極自然なところです。実際、この戦略という言葉は、日本でもアメリカでもたいへん流行しており、戦略的マーケティング、戦略的情報システム、戦略的思考などなど、枕詞としてつけると、その価値が二、三割上がったような気になるものです。

現実にはさまざまな「戦略」に関する経営書やら教科書があり、語る人の数だけ経営戦略の定義があるといっていいぐらいだと思います。ちなみに、大前研一氏は、戦略的思考とは物事の本質を考えることだと述べていますし、ミンツバーグはその著書

『戦略サファリ』（東洋経済新報社）で一〇種類の見方を挙げています。

経営戦略を語ることは、相撲解説とは違うはずです。「商品開発力がすぐれている」「コスト競争力がある」ということは、相撲解説の「足が前によく出ている」「落ち着いて、体がついていっている」と同様、「勝っている状態」をより具体的に形容したにすぎず、「勝つための作戦」とは言えないでしょう。

実際に「足がよく出る」「落ち着いて、体がついていっている」ためには、相手の力士の取り口を研究して「作戦」を立てることが必要ですし、その「作戦」を実行するためには日ごろの稽古や考えた食事や生活習慣を通じて「地力」を養っておくことも欠かせません。「商品開発力がすぐれている」「コスト競争力がある」で満足せず、それはなぜか、どのような仕組み、作戦を持っているからそうなのかを考えなくてはならないのです。

やや話がそれました。経営戦略の基本は「**競争に勝つための作戦**」ぐらいの意味でいいのではないかと思いますが、せっかくですので私流の定義をし（もちろん唯一無二のものではありません）、定義がどうであっても、戦略を考える際に見逃してはいけない四つの要素を説明します。

戦略の定義

戦略とは、ある一定の目的を達成するために、ターゲット顧客を絞り込み、自社固有の強み（ユニークネス）を用いつつ、競争相手と比べてより安い、または、より価値のある商品・サービスを提供するための将来に向けた計画である。

戦略の基本要素

■目的

■3C（Company＝自社、Competition＝競争あるいは競争相手、Customer＝顧客）

企業の目的と成長

まず、企業の目的です。

経営戦略に「目的」を入れるかどうかは、結構意見の分かれるところです。ただ、企業の目的といっても、株主価値の最大化、顧客満足、社会貢献などと言っているようであれば、入れないほうがいいと思います。そんな当たり前のことを言っていると、社員や顧客に馬鹿にされます。

企業によって、経営者の価値観によって当然目的は異なるはずですが、ここではおそらく多くの企業に重要であると思われる目的＝「企業の成長」について触れたいと思います。

洋の東西を問わずよく聞くのは「当社は最大の会社をめざすのではない。最良の会社をめざすのだ」といった言葉です。ナンバーワンシェア、規模の拡大なんて聞くと、非常に欲深に見えたり、無理やり社員を働かせたりするような印象があったりしますので、「最大でなく最良だ」というのは一見たいへんもっともで、納得できることのように思われます。しかし、だいたいは、無理な多角化が失敗したり、どうしても競争相手に勝てなかったりしたときに使われることが多いのではないでしょうか。

実際、経営者は口ではなんと言おうと、常に成長、規模拡大のプレッシャーを感じているはずです。特に、上場企業であればなおさらです。一般に、

株価＝一株あたり利益（ＥＰＳ）×株価収益率（ＰＥＲ）

となり、単純に言えば会社の価値は今の利益（一株あたり利益）と将来どれだけ伸びるかという成長性（株価収益率）で決まるのです。成長性が落ちれば、株価は急落します。せっかくもらっていたストックオプションも紙くず同然になってしまうかもしれません。また、株価という視点からいえば、たとえば年率で一五パーセント成長したからいいというものでもありません。もし株主（あるいは株式市場）が二〇パーセントの成長を期待していたとすれば、一五パーセントと聞いたとたん、株価はガクンと下がります。

もう一つの成長＝規模をめざす理由は、競争力を高めるためです。後の章でもう少し詳しく述べますが、規模の大きい企業はそうでない競争相手と比べてさまざまな特典があります（「規模の経済」）。仕入先に強く出られるし、同じ広告費を使ってもた

くさん売っている分だけ単位あたりの広告費は少なくなります。また、規模が拡大すれば、往々にして名前も知られてきますので新規の顧客開拓にも有利ですし、さらに「寄らば大樹」の学生が集まってきて、採用もしやすくなります。もちろん、大きくなれば、資産も増えますから、ちょっとやそっとのことではつぶれなくなるということもあります（ただし、「ちょっとやそっと」を超えたらいけません。日産も、一時は「不沈艦」なんて言われたりしていました）。

そして、もう一つの、**意外に見逃されている理由は「成長＝刺激、やりがい」です。**私も、大学を卒業して、縁あって（プラス若気の至りで）創業二カ月のコンサルティング会社に就職しました。バブルのはじめのころだったということもあり、会社は急成長を遂げていました。みんな狂ったように働いて、夜一一時ごろ仕事が一段落つくと、「今日は早く終わったから、飲みに行こう」なんて日が随分ありました。

これは、私に限ったことでなく、ベンチャーの創業者の自伝なんかを見るとまさに同じような光景が繰り返されていますし、フォーチュン誌で「二〇〇六年働きたい企業ナンバーワン」に選ばれたグーグルでも、夜中の二時、三時に会社の廊下で熱のこもった議論をしている社員が珍しくないといわれています。自分のやった仕事が成果としてつながり、会社が成長する。そうすると、もっといろいろな、場合によっては難しい仕事も来るし、これまでは門前払いされていた企業からも相談がある。成長につれて、どんどん新しい人も入ってくるし、給料も上がる。自分も、もう少ししたら大きな仕事を取り仕切っている○○さんのようになれるかもしれない……。極端な例ですが、会社に「熱気がある」というのはそんなことではないでしょうか。

一〇年以上前だったと思いますが、マッキンゼーの会社案内に、「企業の目的は成長だ」とあったのを覚えています。なかなか大胆に言い切っているなあと思ったのですが、その後いろいろあったらしく、その一節は姿を消してしまいました。そこで書かれていたことを、うろ覚えながら一言で言うと、「成長は七難隠す」です。

会社が成長する限り、社員は未来を、外を見て仕事をする。会社の仕組み、たとえばコスト管理や評価制度に穴があっても、ほとんど問題はない。しかし、いったん成長が止まると、目が内向きになり、「会社の悪いところ探し」が始まるのだと。うちの息子も、クラブ活動で疲れて帰ってきても機嫌がいいのですが、怪我をして練習が出来ないときはエネルギーを余らせて何かと突っかかる不機嫌極まりない日が続きました。

成長というと、どうしても規模=欲張り、不沈艦志向となってしまい、言い切るのが気恥ずかしいところはあります。しかし、企業の目的として、社員の幸福ひいては顧客の幸福、これはどちらが先というものでもないのでしょうが、を考えるとすれば、「成長」は見逃せない点だと思います。

もちろん、「うちは成長なんていらない。伝統を守って、少数精鋭でやるんだ」という人間国宝的な考え方はあっていいと思いますし、そうしたはっきりとした目的を持った会社、お店は厳しい競争の中でも生き残ることができると思います。逆に買収や合併などによる成長は、投資家の評価や規模という点ではいいかもしれませんが、社員を刺激するという点についてはマイナスの効果のほうが大きいかもしれません。「成長」に対してどういう姿勢をとるのか、多くの企業はもっと正直に向き合う必要があると思います。

ターゲット顧客の選定(Customer)

3Cの一つ、顧客(Customer)がビジネスの基本であることは常識です。「顧客セグメンテーション」などは、戦略にしても新商品の企画にしてもまず行われることだと思いますし、「顧客ニーズを理解しろ」「顧客満足度を上げろ」なんて、毎日のように言われたり、書かれたりしています。

なぜそんな当たり前のことが繰り返し言い続けられるのかは別にして、そもそもなぜ「顧客をセグメンテーション」し、「ターゲット顧客」を選定しなくてはならないのでしょうか。「顧客はセグメントごとにニーズが違うからに決まっているだろう」。そのとおりです。しかし、それだけでは座布団は差し上げられません。

「顧客満足」は経営の原点のように言われたりしますが、じつは顧客を満足させることなんてそんなに難しいことではありません。たとえば、マクドナルドがビッグマックセットを一〇〇円で販売したり、アップルがｉＰｏｄを半額にしたら、随分顧客満足度は上がると思います。

そんなことをしたらビジネスが成り立たない？　そのとおりです。**ビジネスの要諦は「顧客満足」と「経営＝利益の創出」の双方を成り立たせることにあるからです。**言い換えれば、やみくもに誰も彼も満足させようとすれば、利益など上がるはずがないのです。あるサービス・商品に対して、利益も含めた対価を支払ってくれるお客さんがいてはじめて経営は成り立つのです。つまり、その会社の固有の強み（後でまた出てきます）、そうした強みの上に成り立ったサービス・商品の価値を認めてくれる顧客を見つけ、そこにフォーカスしなければ、収益を上げ、競争に勝ち、成長することはできません。

さらに、この前提として、どんな企業にとっても「資源は有限である」ことがあります。小さな会社はもちろん、大きい会社もそれなりにそうです。すべての顧客のニーズを満足させようと思ったら、その資源をさまざまなことに、薄く広く使わざるを得ません。その結果、自然に破綻するかもしれません。もし、競争相手が資源を集中してある顧客層を攻めてきたら、ひとたまりもありません。その意味で、経営には**トレードオフ**が欠かせません。**どの顧客セグメントを選び、どの顧客セグメントを捨てるかという決断がなくては「差別化」をすることはできないのです。**

ちなみに、顧客のセグメンテーションというと、どうしても属性（例：性別、年齢、年収）をベースに行うことが多いようです。データは豊富ですし、データに基づけば科学的に見えます。また、新商品の企画であれば、「ターゲットは〇〇万人で、××パーセントシェアをとるとYY億円の売り上げが見込めます」などと、もっともらしく提案できます。もちろん、属性ごとに共通点があることも確かですが、属性から入ってしまうとどうしても「ニーズ」を深掘りするよりも「属性の一般論」にとらわれてしまう危険があります。

リクルートOBのくらたまなぶ氏は、次のように指摘します（『MBAコースでは教えない「創刊男」の仕事術』日経ビジネス人文庫）。

「属性」の誘惑に負けちゃダメだ。……そんなワナにはまったら「夢」を見つけることができない。

「関西人ちゅうのは簡単にカネ出さへんで～」

「三〇代は買わないでしょう……」

まとめる集団がデカくなるほどまったくのウソではなくなる。何を言ったって当てはまる。だからなおさら始末が悪い。属性を議論していれば仕事をした気になってしまう。しかしその実、仕事は止っている。ただプロフィールを評論しあっているだけだ。

属性で商売ができるほど、市場は甘くない。

最近は、P&Gや米家電量販大手のベスト・バイなどでは「具体的な顧客のイメージ」を何パターンかつくり、そのニーズを追求する形で他社との差別化を図るマーケティングが始まっています。属性で顧客層を切って、ここだあそこだというのはあくまで便宜上、数字上の問題です。本質は「顧客ニーズ」です。

より安い、より価値の高いサービス、商品の提供(Competition)

戦略と競争はご飯に味噌汁、日本酒に塩辛くらいの一心同体のペアのはずですが、意外にも「競争」の視点が３Ｃの中では最も忘れられやすいようです。ＭＢＡであっても部課長レベルでも、戦略の議論をしているはずなのにいつの間にか競争相手のレベルや反応など忘れ、自社の現在だけを基準にして「今の仕組みを良くする」ことに議論が集中してしまうことがしばしばあります。

たとえば、最近私がＭＢＡのクラスで使っているプログレッシブというアメリカで急成長している損害保険会社のケースがあります。プログレッシブの差別化の一つに、事故を起こした契約者がプログレッシブのネットワークに加盟している修理工場に車を持っていけば優先的に修理してもらえるうえ、修理の状況もわかり、修理の保証もきく「トータルプロ」という仕組みがあります。

しかし、当然ですが、大手の競争相手も同じような仕組みを展開してくる中で、ど

のように対応すべきかという問題に対し、

（1）修理工場を自前で持つ

（2）現在のトータルプロを改善する

（3）トータルプロは差別化の手段にならないので止めてしまう

の三つの選択肢から選ばせると、ほとんどの生徒が（2）を選び、しかも、「××のようにしたら、顧客はもっと満足する」という理由付けをします。しかし、**本当の問題は「過去／現在の自分より良いか」だけではなく、「競合よりも良いか」のはずです。**

当然ですが、「良い」「悪い」は技術とか、デザインとか、そういった「商品本来「サービスそのもの」のことではなく、あくまで「顧客から見た」価値のことです。技術的に上だと言われたベータがVHSに敗れた話は有名ですし、「ただのビニールのかばん」といいえなくもないルイ・ヴィトンを大枚支払って手に入れたい女性が多くいるのもご承知のとおりです。銀座のクラブは、サービスや格にそれほど関係なく一人五万円だと聞いたことがありますが、これはよくわかりません。

競争という視点から見た場合に必要なのは、**「良い」ことではなくて「より良い」こと**です。自社としては、思い切って相当値段を下げたつもりでも、他社がもっと下げれば、お客さんはそちらに行ってしまいます。あるいは、自社としては一年前に比べサービスの質が格段に上がったのだとしても、競合他社のサービスのほうがまだ上であれば、値段との関係にもよりますが、少なくともサービスの質でお客さんを呼ぶことはできないでしょう。その意味で「良い」「悪い」を評価するときに、自社の基準では大変危ういのです。常に「顧客」「競争相手」を基準にする必要があります。

もう一つ付け加えるとすれば、より良い商品、サービスは、戦略の一部ではありますが、戦略そのものでは決してありません。どのようなビジネス、会社の仕組みで他社より「より良い」商品、サービスを提供できるかが戦略の根幹です。最近、やや元気がなく、四半期シェアでパソコン世界一の座をヒューレット・パッカード（ＨＰ）に譲ってしまったデルですが、厳しい競争の中であれだけ大きな企業になったのは商品がすぐれていたわけではありません。基本的に、インテルのプロセッサーを使い、マイクロソフトのソフトを使った商品で、どの会社も大して変わりがないのですから。

デルの競争力の源泉は、技術進化による商品の陳腐化、そしてそれに伴うコスト割れを回避したい顧客からの受注生産とそれを支える部品調達と商品を作り、販売するロジスティックによるダイレクトモデルと言われる仕組みです。

ルイ・ヴィトンがこれだけマス化しても、その高いブランド力を維持している背景には、日本に進出した当初からライセンス契約を排し、自ら「ものづくりから販売までをコントロール」する仕組みを作り、その仕組みを磨き上げてきたことが大きいと言えると思います（秦郷次郎著『私的ブランド論』日経ビジネス人文庫）。

自社固有の強み、ユニークネス（Company）

「より良い」商品、サービスを顧客に提供して競争に勝つには、当然それなりの理由がなくてはなりません。ビジネスの世界でも幸運はありますが、一方で競合他社も虎視眈々と他社の幸運に便乗しようと待ち構えています。最近は少し変わったかもしれませんが、松下が「マネシタ」と言われ、他社が発売した新商品を少し改良し、その流通力を持って市場を席巻したことは有名ですし、どんなサービス、商品もあっという間に真似をされ、場合によってはさらに良いものになってしまうのが今日の市場です。

その意味で、より良い商品、サービスを提供することは大切ですが、それが「競合他社にヒントを与える」だけになってしまっては意味がありません。その意味で、他社が「真似しにくい」ビジネスの仕組みを構築することが重要になります。競争のところでも触れたとおり、最終的にはビジネスの仕組みの優劣が商品、サービスの優劣を決めるからです。

そのためにはどうしたらいいでしょうか？　「革新的なビジネスモデルはないか」と考え込んでいても、普通はいいアイデアは出てきません。強くなるためには、やはり強い素質を見極め、磨くことです。言い換えれば、他社が「真似しにくい」ビジネスの仕組みを構築するためには、自社の強みと弱みが何であるかをはっきりさせ、強みを生かせる仕組みを考えることが出発点になります。つまり**戦略＝強み**と言ってもいいでしょう。

往々にして、私たちは弱みには敏感ですぐにわかるのですが、強みにはなかなか気がつきません。「謙虚であれ」と教えられて育ってきたせいかもしれませんが、学校教育にもその原因がありそうです。アメリカでもそうですが、日本の学校で特に言われるのは「英語は強いが、数学が弱い。もう少し数学をがんばりなさい」とか、「社会が平均点を下げているから、もう少し社会の点を上げるように」といった「弱みを直す」ことです。しかし、学校とビジネスとは違います。私がよく学生に指摘するのは次の三点です。

（一）学校の成績は、どれだけ得意ですばらしくても上限は「一〇〇点」と決まっている。しかし、ビジネスの世界は違う。もちろん、シェア一〇〇パーセントになれば上限だが、現実的にはシェアが二〇～三〇パーセントもあれば「ガリバー」などと呼ばれる。新たな市場を開拓したり、既存の市場規模を拡大することだってできる。その意味で「強み」を磨けば、どこまでも業績は伸び得る。

（二）学校では、自分の成績と他人の成績はほとんど関係ない。つまり、自分が勉強したから他の人の成績が下がるということはないし、その逆もない。得意な英語は一〇〇点を取れることを前提に、数学を勉強している。しかし、ビジネスはかなりの程度、ゼロサムである。会社が苦手な商品にてこ入れして、得意な商品への投資がおろそかになったとすれば、競合はそこを突いてくるかもしれない。そうすれば、これまでの「得意」な商品は一〇〇点どころか、市場から駆逐される可能性もある。

(三) 学校では「平均」を気にする。内申書をアップさせるためには、低い科目の点を上げることが重要だ。しかし、実際のビジネスでは「平均点」は意味がない。たとえば、店は汚くても味がすばらしい飲食店には人が来る。逆に、味はいまひとつだけど雰囲気が抜群な店はデート客でひきもきらない。「味も、雰囲気もそこそこ」という店をつくったとしたら、味を求める人は最初のお店に行き、雰囲気を求める顧客は後のお店にとられてしまう。つまり、「どっちつかず」になる可能性がたいへん強い。

受験の場合、理系、文系と分けたり、テストの科目によって受験校を選んでいるわけですから、実際には極めて「戦略的」に動いているのです。しかし、なんとなく「あれはできるが、これはダメ」という生徒は「偏って」おり、「全部がそこそこできる」ほうがよいという意識が学校教育には根強くあるように思います。戦略的ということは、偏っているということなのですが。

こうして考えたときに、よく出てくるのは「そうはいっても、競争相手は強いところばかりで、そんなところより強い点なんて一つもない」という質問です。特に、小さい会社やできたばかりの会社の場合にはそのように感じることが多いかもしれません。このような疑問に対しては、重要なポイント三つを考えてみてください。

一つは強み、弱みは相対的なものだということです。自分からみてたいしたことがなくても、競争相手より強ければいいのです。言い換えれば、競争相手の弱みを探すことです。相手が弱ければ、普通でも強みになるのです。また、その差は小さくてもかまいません。

もう一つは、パーツ、パーツでみて強くなくても、全体の組み合わせでみると強くなり得ることです。ＮＢＡのトッププロで固めたアメリカのバスケットボールチームがオリンピックで勝てないのは、個々は強くても、チーム全体としてはそれほどではないからです。

最後に強い、弱いは、当然、顧客ニーズとの関連、もっと広く言えば、どのような競争のルールで戦うかによって決まります。どんなに怪力を持つ人でも、マラソンで勝負したら勝利はおぼつかないでしょう。したがって、事業を始める前に、自分は本当にここでやっていけるのかどうかを考えることが必要です。マラソンはダメだが、砲丸投げなら何とかやっていけるだろうという判断は重要です。もし競争のルールを変えることができれば、話は変わってきます。

流通チャネルが成功のカギだといわれたパソコンビジネスで直販を始めたデルや、

人間関係がすべてだった生命保険販売にプロの知識を持ち込んだソニー生命のように、競争のルールが変われば既存企業のそれまでの強みが足かせになってしまうことも多いのです。「相手の土俵」から見たら、強みは一つもないかもしれなくても、「自分の土俵」を見つけ、そこで戦うことです。

もう一度繰り返します。**戦略とは、強みを生かすことです**。どんな会社も資源には限りがあります。したがって、その資源の使い道は「強みを生かす」「強みをさらに強くする」ことに使われなくてはいけません。弱みを直すのに使いたいのは山々です。しかし、顧客にとっては「平均」なんてじつはあまり関係ないのです。弱みを直すのに資源を費やして「特に弱いところはありませんが、特に強いところもありません。普通です」といって、喜ぶ顧客がいるでしょうか。感動する雇い主がいるでしょうか。

低迷していた早稲田大学ラグビー部を見事に再建した清宮克幸氏（現サントリーラグビー部監督）の著書『最強のコーチング』（講談社）にこんな話が出てきます。清宮氏が早稲田大学ラグビー部の監督に就任して、選手たちに「早稲田の強みと弱み」を書かせたところ、「弱み」はいくらでも出てきたのに「具体的な強み」がまったく出てきませんでした。

ここで、私の目的は明確になった。私がまず最初にやるべきことは『早稲田ラグビー部の強みはこれだ』と、具体的に、選手達自身の口から言わせることだ。

清宮氏はこう決意します。つまり、強みをよく知ることはじつはそんなに簡単なことではないのです。特に、競争が激しい中では、強みといっても、紙一重のものかもしれません。しかし、そのように紙一重であったとしても強みを認識できているか、強みを活用できているかが勝負を左右するのだと思います。

事業で結果を出すとは、機会を生かすことである。問題を解決することではない。

ピーター・ドラッカーは、『創造する経営者』（ダイヤモンド社）でこう言っていますが、同じ意味でしょう。どんな企業にも悪い点、問題はあります。しかし、顧客が増えないのは、そうした問題のせいよりも、その会社の強みが十分生かされておらず、他社との違いがはっきりしない場合がほとんどです。たとえば、新幹線に求められるのは、安全・スピード・正確性であって、愛想のいい車掌やおいしい料理ではないのです。強みを生かすことで生まれてくる機会を確実にものにしていくことが戦略のあり方だと、ドラッカーは言っているのだと思います。

ミニ ケース

マクドナルド

一九九六年にマクドナルドはアメリカで「アーチデラックス」と呼ばれる高級ハンバーガーの発売に踏み切りました。既存商品との共食いの懸念にもかかわらず巨大な開発費と広告費を投入して「アーチデラックス」発売に踏み切った理由は、ベビーブーマー層（当時三五〜四四歳）をもう一度呼び戻すためです。市場調査によれば、七八パーセントの顧客がマクドナルドは子供向けの場所だと認識しており、大人にも良いと答えたのはたった一八パーセントにすぎませんでした。「アーチデラックス」によって、子供が成長して離れていった中高年層を呼び戻すと同時に、客単価のアップを狙ったのです。

当時のマクドナルドは、大きな問題に直面していました。最も重要なマーケットであるアメリカ市場のシェアが落ち込みだしていたのです。本来はもっと早く気づくべきだったのですが、全社の業績、特に海外の業績が数年好調で、国内の問題は見逃されていたのです。

大人向け高級ハンバーガーの開発には随分早くから着手はしていたのです。しかし、「大人向けファストフード」は、コンセプトとしても、技術的にも随分難しいものでした。実際、「ローファットハンバーガー」である「マックリーン」は、赤字にもかかわらず五年間続けたのですが、大失敗に終わっています。したがって、今回の「アーチデラックス」には二年かけて入念な開発が行われました。以前の失敗を繰り返さないようグループインタビューが何回も繰り返され、さまざまな調理法、肉の種類が試され、また一流のシェフが投入されて、マスタードだけでも五〇種類が試されたといいます。

こうした入念な準備、莫大な投資にもかかわらず、「アーチデラックス」は大失敗に終わりました。一年ももたず、すべてなくなってしまいました。そもそも、マクドナルドが直面していた問題とは何だったのでしょうか？　どうすればよかったのでしょうか？

違いはもちろんありますが、日本のマクドナルドもアメリカのマクドナルドも同じようなものです。それを念頭において、「マクドナルドでの高級ハンバーガー」を考えてみてください。日本だって、たとえばモスバーガーで「匠味」なんていうのを売っています。

問題は何か

実際のケースはもう少し長いのですが（フォーチュン誌一九九六年一一月一一日号）、「マクドナルドの問題は？」という問いには、いろいろな答えが返ってきます。

「ベビーブーマー層を取り込めないこと」
「アメリカのシェアが下がったこと」
「シェアの凋落に対してなかなか手が打てなかったこと」

などなど。ちなみに、まず私が学生に指摘するのは「問題」を考えるときは、客観的な事実、できれば数字から始めるようにすることです。「問題＝理想と現実とのギャップ」ではありますが、たとえば新聞記事、あるいは社内の噂などで取り上げる「問題の大きさ」は必ずしも「実際の問題の大きさ」と比例していません。実際はたいしたこともないのにセンセーショナルに取り上げられることが随分ありますし、取り上げる人の主観にも左右されます。

限られた資源を分配することを考えたら、問題解決者として「重要なもの」に集中する必要があるわけですが、そのためには「意外さ」「反応の大きさ」などに惑わされることなく、「客観的に重要な問題」を見極める必要があります。不祥事やリコール等は新聞では大きく取り上げられますが、現実的な業績や経営へのインパクトはそれほど大きくないケースがままあります。

このマクドナルドの場合、まず「アメリカ市場での売り上げ、シェアの低下」が出発点になります。そこから因果関係をたどることで、解決策を探ることになります。ここでは、売り上げ、シェアの低下はベビーブーマーが離れたことが一番大きな要因で、それは「大人」のニーズにこたえられる商品がなかったことが原因であると考えられたわけです。その結果、二年間かけて開発し、ある意味で満を持して発売されたのが「アーチデラックス」であったわけです。

失敗の理由

それでも失敗をしてしまったのはなぜでしょうか、何をすべきだったのかという質問に対しては、「アーチデラックスは高級さが足りない」「もっとしっかりと市場調査をするべきだった」などの声が挙がります。しかし、この手の新戦略の失敗の場合、伝説の「ニューコーク」の失敗のように、市場調査は呆れるほど実施されていることが多いのです。それでも失敗したというのは、そもそもの問題設定が間違っていたのではないかと思い当たります。

ベビーブーマーという市場（Customer）は大きく、その成長市場に対して競争力がなかった（Competition）。だから、「アーチデラックス」を出した。しかし、問題の会社固有の強み（Company）という点ではどうだったのでしょうか。確かに、マクドナルドはブランドとして有名ですし、レストランビジネスとして重要な一等地を確保しています。キッチンもあれば、クルーもいる。ないのは、商品だけだ……。

本当でしょうか。こうした既存の資産はないよりはましでしょう。しかし、ベビーブーマーのニーズを考えた場合、本当に必要なのは、たとえば「ゆったりとした雰囲気」「さまざまなメニュー」であったりするはずで、「スピード」「単一メニュー」「安い」というマクドナルドの「強み」とはまったくかけ離れています。もっと重要なのは、マクドナルドの「主顧客」が子供、あるいは子供連れの家族である限り、ベビーブーマー層のニーズは満たされるわけはないということです。だれが、子供が大騒ぎをしているところに、わざわざ大人だけで行きますか?

マクドナルドが示唆すること

このマクドナルドの「アーチデラックス」の失敗は、3Cのすべてを同時に考慮しなかった典型的な例です。いや、ちゃんと考慮したのかもしれません。しかし、結局のところ自らの「強み」と「ターゲット顧客」のニーズのマッチングを完全に読み違えたとしか思えません。

もし、すべての顧客のニーズを満たそうとすれば、結局だれのニーズも十分に満たすことはできない。

(If you try to make everyone happy, you won't be able to make anyone

happy.)

このケースの「シメ」の言葉です。経営にはトレードオフがなくてはなりません。メリハリこそが、「差別性」を生むからです。

この失敗のあとも、マクドナルドはベビーブーマー層を取り込むためにさまざまな試みをしました。別の、少し大人向きのチェーンやピザのチェーンを買収したりしました。やはり、マクドナルド本体のビジネスシステムでは、ベビーブーマーのニーズに対応できないと反省したからだと思います。しかし、どれもなかなかうまくいきませんでした。そして、たどり着いた結論は「営業時間の延長」でした。

世の中の環境変化はベビーブーマーの高齢化だけではなく、人々の働き方の変化としても現れています。マクドナルドがその強みを最も発揮できるのは、高級ハンバーガーを売ることではなく、早朝あるいは深夜の「ちょっとおなかがすいた」ニーズに対してです。もちろん、営業時間を延長すること自体はどの会社にだって簡単にできます。しかし、「手軽」「ちょっと」というニーズに対して、じつはマクドナルドのメニューとサービスの仕組みはたいへんマッチしていたのです。実際、ファストフード系の朝食に関してマクドナルドは圧倒的なシェアを持っています。（ビジネスウィーク誌二〇〇七年二月五日号）

ひるがえって、最近の日本のマクドナルドはどうでしょうか。もちろん、顧客ニーズの変化、競争の激化などはあると思いますが、一時の低価格メニューによってマクドナルドが本来日本で持っていた強みを低コストだけに狭く限定してしまったきらいはなかったでしょうか。今の日本のマクドナルドは、原田泳幸社長を迎え新商品を開発しながら、本当の強みをもう一度見直そうとしているように見えます。

第3章

企業の外部環境分析

前章では、いきなり「戦略とは何か」という本題に切り込みました。しかし、「戦略とは何か」「どのような要素を考慮しなくてはならないか」がわかったからといって、すぐに有効な戦略が作れ、また実行できるわけではありません。その一番大きな理由としては、経営とは常にダイナミックであることが挙げられます。

3C（Customer、Competition、Company）といっても、奥は深いですし、一度考えたら終わりというわけにはいきません。顧客ニーズはどんどん変わりますし、競争相手だって変わります。新技術の登場でまったく異なった競争相手を考えなくてはならないこともあります。携帯電話やゲーム機などは、「電話」や「ゲーム」というひと昔前のくくりではもはや収まりきれなくなっています。もちろん、競争のルールが変われば、自社の強み、弱みを見直さなくてはなりません。ここでは、まず3Cのうちの最初の二つ、Customer、Competitionに関連した「外部環境」の分析について見てみます。次の章では、残りのCompanyについてもう少し見てみます。

外部環境といっても、いろいろあります。何でもかんでも調べればいいのでしょうが、すべての企業、個人の資源には限りがあります。その限られた資源のなかで分析を行うわけですから、できるだけ効率的に、かつ抜けがないようにしなくてはなりません。

二つの外部環境

外部環境を大きく二つに分ければ、一つは大変マクロな環境、そしてもう一つは自社の置かれている、あるいは自社が参入しようとしている業界という環境です。マクロな環境は、いろいろありますが、先述の『経営戦略』（ヒット他著）では、次の六点を挙げています。分析のときに、チェックリストとして使ったらよいと思います。

● Demographic（人口統計上の変化）：年齢構成、年収構成、外国人比率等

●Economic（経済上の変化）：物価上昇率、金利、経済成長率、貯蓄率等

●Political/Legal（政治、法律上の変化）：労働法、独占禁止法、税法、規制緩和等

●Sociocultural（社会環境の変化）：女性の社会進出、環境への意識、生活への意識等

●Technological（技術上の変化）：技術・商品のイノベーション等

●Global（国際環境の変化）：国際関係、新興国の台頭等

もう一つは業界分析です。ところで**「業界」とは何でしょうか**。『新明解国語辞典』（三省堂）を見てみると、「同業者の社会」なんてあっさりと書いてありますが、どの企業はどの業界に属するというのは、どのようにしてわかるのでしょう？

たとえば、先ほどのマクドナルドです。ファストフード業界でしょうか？　でも、普通のレストランやラーメン店とだって競争しています。レストラン業界でしょうか？　コンビニのお弁当やスーパーの惣菜だって競合相手かもしれません。冷凍食品だって、ぱっと食べられる点では同じでしょう。食品業界でしょうか？

考えれば、結構きりがないものです。ここで指摘したいのは、「業界」という言葉

はかなり頻繁に、しかも簡単に使われていますが、いざきちんと定義しようと思ったら、意外に簡単ではないということです。広くしようと思えばどこまでもできるし、狭くしようと思えば狭くもなります。

したがって、「この会社はこの業界に決まっているだろう」という前に、広くしたり狭くしたり、本当にそれでいいか考えてみることが必要です。広く業界を捉えれば、その分より綿密に潜在的な競争相手も含めて把握できますし、それに合わせた顧客の行動などももれなくわかるかもしれません。

しかし、広く捉えれば広く捉えるほど対象となる競争相手も顧客層も広がり、分析のために時間もコストも相当かかります。逆に、狭く捉えれば、分析はしやすいのですが、見逃す危険も出てきます。そのあたりを勘案して、どう「業界」を決めるかは、分析者の腕の見せどころでしょう。

業界分析を効率的に行うための最も有名なフレームワークが、マイケル・ポーター（ハーバード・ビジネススクール教授）のファイブフォース（五つの力）分析です。これは、あちこちで取り上げられていますから、以下に簡単な説明をします。このファイブフォース分析はそれ自体があまりに有名になりすぎて、「何のために」「いつ」この分析を行うのかが忘れられがちですが、主に次の二つの目的があります。一般に

（1）業界の魅力度を測る――特に新規参入を考える場合、（2）業界の構造を知る――
――特に業界が変化をしている場合。

しかし、ここで特に重要なことは、ファイブフォース分析とは「現時点」あるいは「過去」の分析であって、将来、業界がどう変わるかを示すものではないということです。あとでもう少し詳しく触れますが、その意味で「ダイナミックな環境だから業界分析が必要」ではありながら、「分析自体は現時点のもの」という逆説です。だからこそ、**ファイブフォース分析とは、出発点であるし、ファイブフォース分析そのものは、判断材料ではあっても、決して結論ではありません。**

結論、つまりどのような戦略を立て、実行するかは、あくまで人間の頭から導かれるもので、ファイブフォース分析はそれを助けることはあっても、代替するものではないのです。

ファイブフォース分析

ファイブフォース分析の基本的な考え方は、この業界で利益を上げることができそうかどうかという点です。先ほど3Cのうちの二つ、Customer、Competitionに関連した「外部環境」の分析といいましたが、基本的には経済学でよく言う「買い手が多くて、売り手が少ないのが魅力的な市場」という概念を膨らませたものと考えていいでしょう。この分析は、市場では一定の「利益のパイ」が決まっており、それをだれがとるのかが重要であるという前提に基づいています。

したがって、たとえば売り手の数が少ない場合には競争をさせて、いい仕入れ条件を得るのが難しくなりますし（売り手圧力大）、同様に買い手の数が決まっていれば、他に売り先が限られますので買い手有利です（買い手圧力大）。新規

図 3-1 ファイブフォース分析

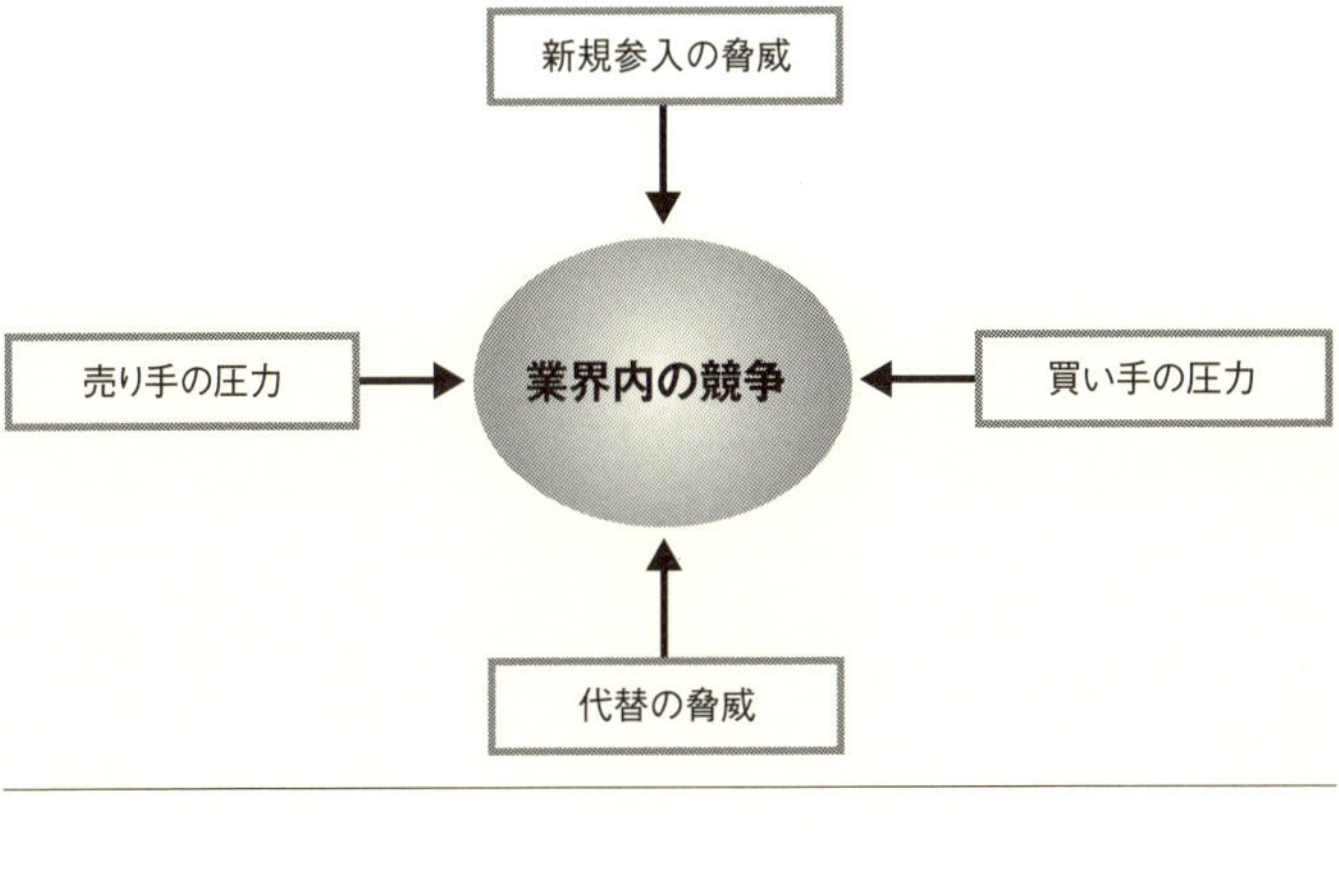

参入という点では、「参入障壁」という言葉を使って、新しい企業が業界に参入しやすいのであれば、競争が激化するでしょうから市場の魅力度は下がりますし（新規参入脅威大）、同様に、代替品が多い業界では間接的な競争が激しくなりますので魅力度は低下します。業界そのものの競争が激しい（競合相手の数、規模）ほど魅力度が減ることはいうまでもありません。

ある意味で当たり前なのですが、当たり前であるがゆえにここで重要な点を見逃すと大きな失敗につながります。特に、「競争」「代替」という点については先ほど指摘した「業界の定義」に絡めて、一見違う業界であるにもかかわらず、実際には競争していることがあるかどうかに注意する必要があります。

ちなみに、「競争」と「代替」はどう違うでしょうか。たとえば、ハンバーガーに対して持ち帰り弁当は競争か代替かなんて議論してもあまり意味がありません。どちらでもいいのです。要は、競争相手として考慮しなくてはならないということです。

潜在的な競争相手が重要になる場合の一つは、技術の進化です。携帯電話やゲーム機のように、当初は単機能であったものが技術の進化により他の機能を代替するようになると、電話、ゲームという狭い概念で捉えてはそのインパクトを見誤る可能性があります。もう一つは、競争とは必ずしも同業界だけではありません。

特に顧客の限られた「財布の中身」をめぐって競争が起こるとき、競争相手の見極めはたいへん重要です。たとえば、高校生が携帯にお金を使うようになり、洋服を買わなくなったとすれば、アパレルメーカーの最も重要な競争相手は携帯電話であるかもしれません。クリスマスやバレンタインデーの商戦では、花と洋服と洋菓子とレストランというまったく関係ない業界で競争が繰り広げられています。

また、競争は必ずしも「財布」だけではありません。顧客にとってもう一つ限られているものがあります。「時間」です。映画を見に行く代わりにＤＶＤを見るのはすぐわかりますが、もしかしたら映画に行く代わりに任天堂ＤＳで遊んでいるかもしれません。友達と飲みに行く代わりに、インターネットでビール片手にチャットをしているかもしれません。

なお、競争は必ずしも悪いことではありません。消費者にとってはもちろんですが、企業にとってもそういう場合があります。一つは、競争があるからこそ企業にその商品／サービスをより良くしようという動機が生まれるからです。バブルのころ、規模で見た世界の銀行ランクトップ一〇に規制に守られてきた日本の銀行が五つも六つも入っていました。その後、規制緩和、国際化によってこうした大銀行がどのようになったのかはご承知のとおりです。

　もう一つは、特に新興のビジネスでは、競争が増えることでそのビジネスの露出度が上がり、市場全体のパイが増加するのに役立つことがあるからです。前職のときに関わったプロジェクトでは図3－2のような分析がありました。

　ファストフードやラブホテルがある場所に集中して立地しているのは、似たような理由からです。もちろん、競争が増えていいのはあるところまでで、それを超えると過当競争になり、プラスよりもマイナスの要因が増えることになります。

図 3-2 競争は市場の拡大にも貢献する

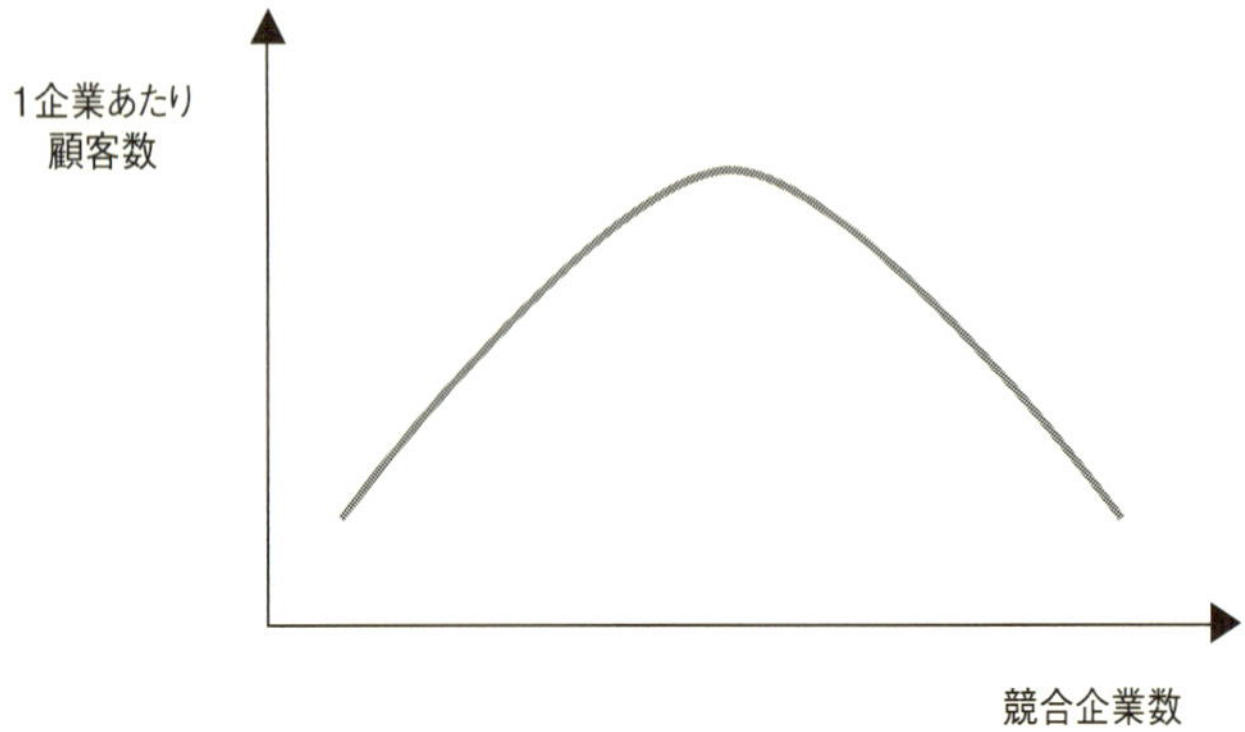

スイッチングコスト

世の中はスイッチングコストでいっぱい

もう一つ、ファイブフォース分析と関連して重要なのは**スイッチングコスト**の概念です。戦略関係の本でスイッチングコストに深く言及しているものはまれのように思いますが、じつはたいへん重要かつ本質的な概念です。実際、マイケル・ポーターの『競争の戦略（Competitive Advantage）』（ダイヤモンド社）では、ファイブフォースの説明のすべてにスイッチングコストが登場します。

スイッチングコストとは、一般に「**顧客が商品あるいは売り手を替える際に発生するコスト**」です。典型的なものは、携帯電話会社を替える際に発生する面倒な手続きです。最近は変わりましたが、電話番号が変わることで発生する面倒、操作を覚え直し、設定を全部やり直す手間や時間、キャンセル料が発生するとすればそのコストなどです。

携帯電話に限らず、じつはスイッチングコストは生活の隅々にまで染み込んでいます。スイッチングコストには、単に金銭的なものに限らず、時間、手間、心理的抵抗などさまざまなものがあります。

たとえば、毎回同じシャンプーや石鹸を買う人がいます。マーケティングでは「**イナーシャル・バイイング**（習慣性購入）」なんて言うらしいのですが、その背景にあるのは、もっといい商品が出ているとしても「いちいち新しい商品を探すのは面倒」という時間としてのスイッチングコスト、「せっかくこれが合っているのに、もし新しい商品にして失敗したらイヤだ」といった心理的なスイッチングコストです。

会社が使っている清掃業者を替えないのは、長年やっていたため人間関係ができて替えにくい、つまり心理的コストもあるでしょうし、いろいろな業者を探して見積もりをとる時間がない、情報収集コストとか、そうした提案を上にあげて会社の許可を得るのは書類作りにしても根回しにしてもたいへん面倒（時間、手間）であるといった要素があると思います。

へえ、だからなんなの？　と思うかもしれませんが、スイッチングコストは戦略作りに非常に重要な示唆を与えてくれます。たとえば、ある業界へ参入しようと考えたとします。もしかしたら、そこでのスイッチングコストは高い（例：携帯電話）かもしれませんし、低い（例：石鹸）かもしれません。

問題は、だからどうする？　なのです。もしスイッチングコストが高ければ、顧客を獲得するためにはスイッチングコストを下げる必要があります。たとえば、携帯電話の端末が馬鹿みたいに安い値段で売られている一つの理由は、スイッチングコストを下げるためです。さらに、通話料金で回収できるということも理由の一つになっています。新発売のシャンプーの無料のサンプルを配ったり、一時的に値段を下げたりするのも同じ理由です。

逆にスイッチングコストが低ければ、参入しやすくなりますが、参入した後、せっかく獲得した顧客が簡単に他社に移ってしまうと大損です。そこで、スイッチングコストを上げる施策を考えなくてはなりません。よく「顧客の囲い込み」と言われるのは、まさに顧客のスイッチングコストを上げることにほかなりません。銀行で給与振込みと公共料金の支払いがあるとローンの金利が下が

表 3-1 スイッチングコストの例

● 金銭的なコスト（ハードの買い直し、キャンセル料等）
● 手間（手続き、学習し直し等）
● 心理的なコスト（人間関係、好き嫌い、イメージ等）
● 情報収集のコスト（時間等）
● リスク（新しい商品が必ずしも気に入るとは限らない）

ったり、あるいは最近は航空業界以外でも「ポイント制度」を導入しているのはこのためです。

また、いわゆる「日用品＝コモディティ」といわれる業界では、そもそも商品での差がつけにくい。そのため、ブランドによるスイッチングコストの引き上げを狙っています。ただの砂糖水（失礼！）にもかかわらず、コカ・コーラやペプシコが広告やプロモーションにあれだけ投資をするのもそのためです。

スイッチングコストが低い場合、基本的な競争は価格だけになります。スーパーの目玉商品はそんなところから生まれます。私が日本にいた頃は、新聞販売店が洗剤を山のようにもってマンションを回っていました。そうした光景はスイッチングコストが低いところから生まれます。

新規ユーザー獲得の意義と顧客単位の収益性

これと関連して重要なことは、スイッチングコストが高い業界では、初めてのユーザーを獲得することが非常に重要であるということです。成熟した業界ではなかなか難しいのですが、成長中の業界や毎年新しい顧客が生まれるような業界では、初めてのユーザーを獲得するためにさまざまな施策が考案されます。

先ほどのように携帯電話の端末をディスカウントするのはその例です。最近は少し収まったかもしれませんが、高速インターネットに関しては、多くの会社がモデムや初期料金を無料に近い値段にして顧客集めをしていました。クレジットカード（おサイフケータイも含む）もそうでしょう。最近は、「初めてのユーザー」を獲得するためにクレジットカードの若年化がどんどん進み、大学生はもちろん、親の許可があれば中高生でも一定額はＯＫという記事を読んだ記憶があります。

さらに言えば、いったん獲得した顧客は、長く取引してもらえばもらうほど企業にとって収益性が高まるといった調査もあります。顧客との取引が長くなれば、その顧客のニーズもよくわかるため、よりそのニーズにフィットした商品を効率的に販促・提供できるばかりでなく、満足した顧客はその良い評判を広めてくれるかもしれません（Reichheld & Sasser, Zero defections: Quality comes to service, Harvard Business Review, 1990）

ただ、顧客の囲い込みといっても、競合が仕掛けてくるさまざまなスイッチングコストを下げる施策に対して、正面から立ち向かっていては、結局価格競争になってしまいます。たとえば、ポイント制度は最近はどこでもやっているためスイッチングコストになりにくくなり、「ゴールド」「シルバー」といった「累積ポイント」によって待遇を変える制度になりつつあるようです。また、必ずしも「たくさん買ってくれるお客がいいお客」であるとは限りません。たくさん購入してくれる優良顧客がじつは単なるバーゲンハンターで、おめでたいことにそうした顧客にさらに優待価格を出している小売チェーンがまだまだ多いといわれています。

スイッチングコストとは離れますが、顧客別の収益性に関連して、少し似た話を大前研一氏が『続・企業参謀』（講談社文庫）で二〇年ほど前にされています。コピー機のメーカーA社が小口顧客に対しては将来の成長を期待して価格を低くし、一方で大口顧客からは紙とインクでがっぽりと稼いでいるときに、競合B社が実コストに合わせた価格設定で市場に参入をすると、A社は大口の顧客を取られ、それまでのビジネスモデルが成り立たなくなってしまうという話です。

考えてみると、これはよくある話です。航空業界では東京―札幌間、東京―福岡間といった大手のドル箱路線に的を絞って新規参入企業が競争を挑みました。アメリカの損害保険業界では、事故率が低く定着率の高い層である小中学校の先生や軍関係者とその家族に絞って成功を収めている会社があります。

顧客別の収益性は、単に今期どうだったかではなく、スイッチングコストと競争に深く関係する新規獲得コスト、維持コストと顧客からの売り上げを顧客のライフサイクルの視点から評価する必要があります。

イニシャルコストとランニングコスト

最後に、スイッチングコストを利用して、どのように収益を上げるのかという点では、イニシャルコストとランニングコストという課題があります。企業から見れば、スイッチングコストを形成する最初の商品に関しては非常に低く、場合によっては原価割れの価格を設定して顧客のイニシャルコストを下げ、そのあとの使用料や消耗品のランニングコストで元をとろうという作戦です。

これは、アメリカでは昔から「替刃モデル」などといわれ、髭剃りやコピー機ビジネスなどで見られます。さらに言えば、携帯電話でもそうですし、火花を散らすテレビゲーム、プリンターなどもまったく同じ構造です。

ウォール・ストリート・ジャーナル紙によると、プリンター自体は安くし、インクで収益を上げるビジネスモデルでヒューレット・パッカード（ＨＰ）が圧倒的なシェアを持つプリンター業界に、最近、プリンターは高いがインクが安いモデルでコダックが参入を表明しました。

使用料の多い顧客にとっては、コダックのほうが経済的に明らかに有利になりそうですが、一方で、ＨＰ側は顧客のスイッチングコストは単に経済的なものだけではないと主張しています。アナリストの評価は、分かれています。また、トヨタのプリウスなどハイブリッド車による既存ガソリン車との競争についても同じ考え方です。

ファイブフォース分析は一九八〇年に提唱されたわけですから、まだ企業間の提携だとかサプライヤーとの協業といった概念が盛り込まれていませんし、そもそも新しい市場を創造しようとするスターバックスのプレミアムコーヒービジネスのような場合には、ほとんど役に立たないという限界も認識しておく必要があるでしょう。

一番大切なのは、ファイブフォースにしてもスイッチングコストにしても、こうした**「分析」は出発点であって、戦略では決してない**ということです。雨が降ったから外出しないと自動的に決まるわけではないのと同じように、スイッチングコストが高いから低いからといって、戦略が自動的に決まるわけではありません。分析はあくまで素材であり、それを料理する「技」と「創造性」こそが戦略の命なのです。

第4章

企業の内部分析

前章では3Cのうちの二つ、Customer、Competitionに関わる外部環境の説明をしました。ここでは残りのCompany、つまり企業の内部（環境）の分析について少し説明したいと思います。第2章で触れたように、**企業にとって重要なのは「何があるか」ではなく「何が強いか」「何が弱いか」です。特に、競合に比べた「強み」こそが戦略の中核**になると申し上げました。ここでは、もう少しそうした強み、弱みの分析を考えたいと思います。

企業の強み、弱みの分析でよく使われるのは、先ほどのファイブフォース同様、マイケル・ポーターが提唱したバリューチェーン分析です。これは、企業が提供する商品について、原料の購入から、販売、アフターサービスまでを「流れ」として捉え、その中でどのような機能があり、機能が競合と比べ強いか弱いかを考えるツールです。

ファイブフォースと同様、闇雲に考えるのではなく、ビジネスの現状からもれのないように考えるツールとして有効です。

ただ、このコイノボリのような考え方は、製造業ではたいへんわかりやすいのですが、サービス業、特に金融などではあまりぴんときません。重要なのは、流れというよりはどのような機能が必要とされているかを考え、機能ごとに強み、弱みを評価するというアプローチです。

図 4-1 バリューチェーンの例

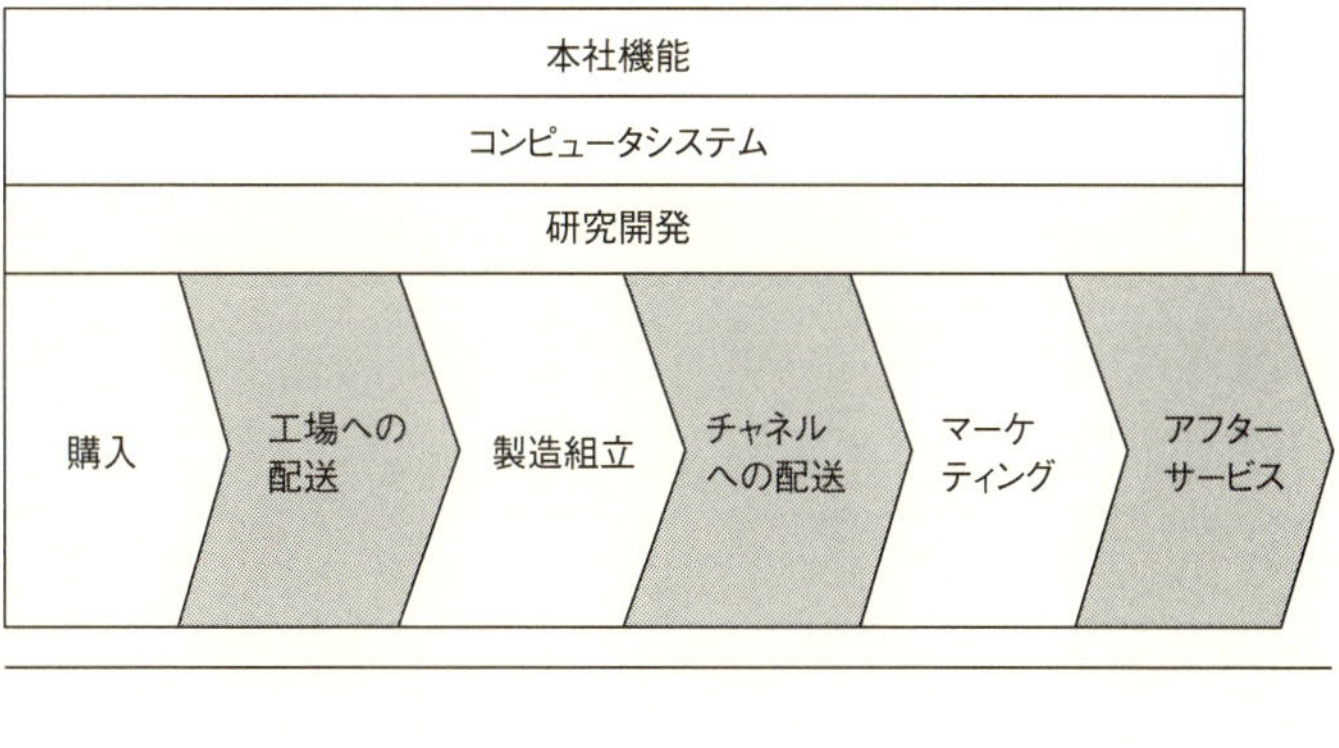

有形資源と無形資源

もう一つの「強み」「弱み」の分析方法は、企業の持つ「資源」を評価するやり方です。企業の資源は、大まかに言えば、

- **有形資源**（tangible）
- **無形資源**（intangible）

に分かれます。前者は、例えば航空会社であれば飛行機であったり、コンピュータや建物であったり、また現金なども含めていいと思います。後者は見えないもの、たとえば事業運営のノウハウ、さらにコンピュータのデータそのものは有形ですが、データをどのように使うかといった知識、技術、企業の文化やそこで働く社員のモチベーションが高い、低いといったことも含まれます。

昔は優良な企業と言えば、有形資源をたっぷり持った会社でしたが、最近では「知識企業」だとか「企業は人なり」などといって後者の重要性がより注目されています。

その大きな理由として、無形資源は真似がしにくいということがあります。「有形」の資源は、今はなくても買ってくることができます。さらにいえば、無形資源は使えば使うだけさらにその価値が増します。一例を挙げれば、知識を社員で共有化すること、あるいはブランドも、例外はありますが、一般に使えば使うほど顧客の認知度が高まります。これに対して、有形資源は使えば使うだけ消耗します。

そうした意味で、競争上、他社に対する差別化の中心になるのは無形資源であることが多いのです。なかでも、人に関する資源、たとえば、知識、ノウハウ、やる気といった点は、たとえ人を引き抜いたとしても簡単に真似することはできません。また、知識やノウハウはそれだけでは価値を発揮することが難しく、それにふさわしい環境や「補足する資産」も必要です。人気漫画「巨人の星」の星飛雄馬が活躍するためには、伴宙太が必要でした。これだけのお笑いのブームになっても、未だに多くが二人組というのは同じような理由ではないでしょうか。

たとえば、たいへん家族的で協力的な企業文化は、知識の共有化や効率的な事業運営という点で大きなアドバンテッジですが、文化という見えない資源はともすると「暴走」しがちで、いつの間にか家族的であったものが、排他的・自己中心的になったりする例は枚挙にいとまがありません。一時のヤフーなどはその典型例です。ブランドにしても、アメリカのGAPのように高い、高いと思っていたら、いつの間にかさびれ、「おじさんブランド」になっていたりすることもあります。三顧の礼をもって迎え入れた幹部が期待外れだったという話も、他人事とは思えません。

規模の経済

資源と関係して規模の経済（Economies of scale）について触れたいと思います。「規模」が資源というのはやや違和感がありますが、大きな会社にとってその規模は、大きな強みになります。規模の経済は、一般には結構ラフに解釈されており、「企業の規模が大きいほどコスト競争力がある」ということですが、それはなぜでしょうか？　これにはいくつかの理由があります。コストと規模の関係をもう一度考えてみたいと思います（図4－2）。

（一）多くの商品を作ったり、売ったりすると、**固定費がその多くの商品に分散**されるために一商品あたりのコストが下がります。規模の経済は、もともとはここから来ていると思います。たとえば、同じ飛行機を飛ばすのでも、満員の二〇〇人を乗せて飛ばすのと、五〇人を乗せて飛ばすのとでは、顧客あたりの固定費、この場合は飛行機のコスト、燃料費、パイロット、客室乗務員等の人件費がまったく違います。

同様に、広告をするならある程度対象顧客の目に触れるための最低限度というものがありますから、一〇〇万個売る商品と一万個しか売らない商品では単位あたりの広告費が異なってきます。

また、本社費、電算費、建物や機械のコストは固定費的な性質を持ち

図 4-2 コストと規模の関係

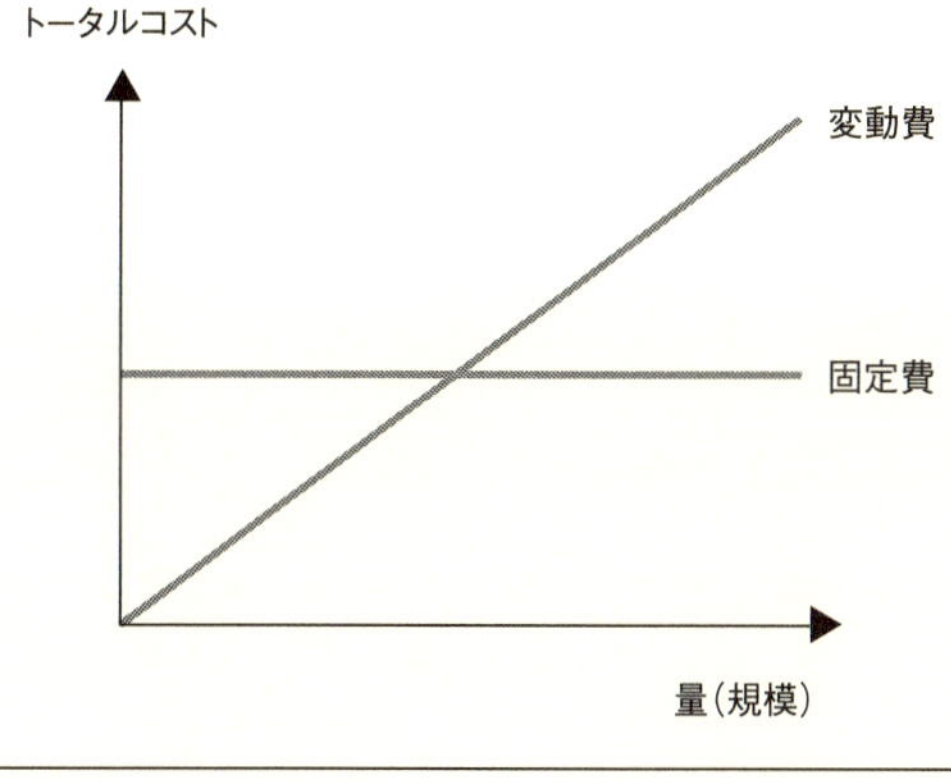

ますので、大きな企業ほど単位あたりのコストは少なく、その分価格を下げたり、あるいは同じ価格で大きな利益を得たりすることができます（図4-3）。

（二）購入量が大きいため、売り手から有利な価格で調達ができる、前章のファイブフォースでいう「**売り手に対する買い手の交渉力が高い**」ことです。さらにいえば、売り手にとっては、大量に購入してもらえるために一番目の固定費の削減につながることはもちろん、変動費的な営業コストでも、あちこちを回って少しずつ売るより一回でドンと売れればコストは大きく減ります。営業部隊を縮小できる、あるいは他の営業にその資源を回せる、そして売り手にとって重要な

図 4-3 単位コストと規模の関係（固定費の分散）

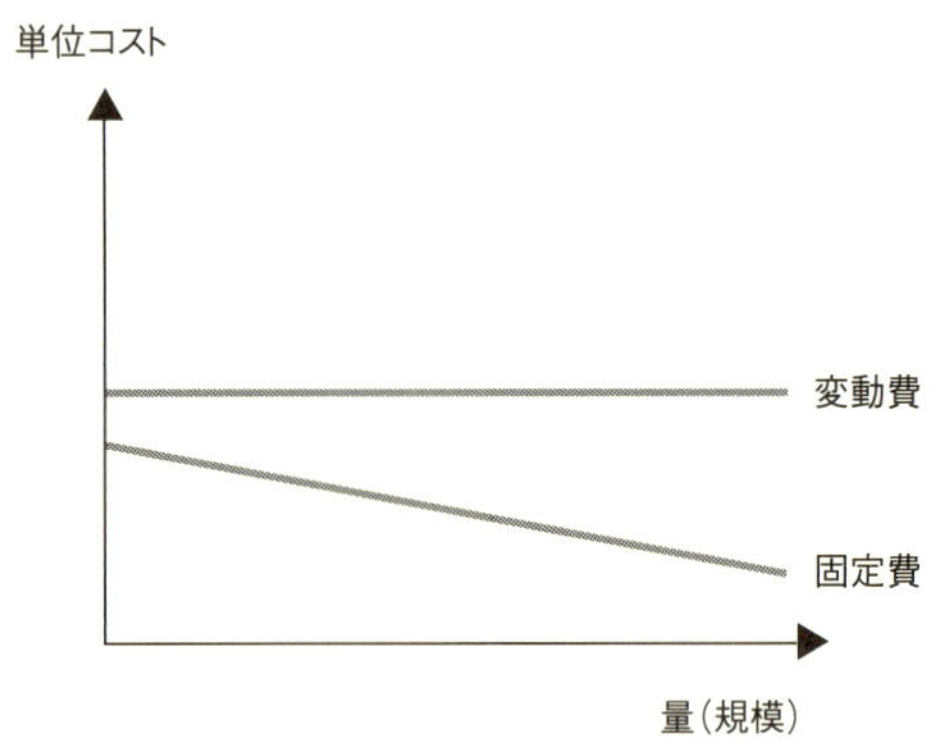

顧客であるため逃すことが許されないという理由によります。大手のチェーンが人気商品を優先的に回してもらったり、より低い価格で調達できるのはこうした理由からです（図4-4）。

（三）多くの商品を作ったり、売ったりして「経験が豊富」なため、より効率的な製造、販売方法を確立してコストを低くできることがあります。これは一般に、

経験曲線（experience curve）

とか、

学習曲線（learning curve）

と言われるものです。経験曲線は、じつは企業だけではなく、個人の生活でもよく見られます。たとえば、初めての仕

図 4-4 単位コストと規模の関係（変動費の低下）

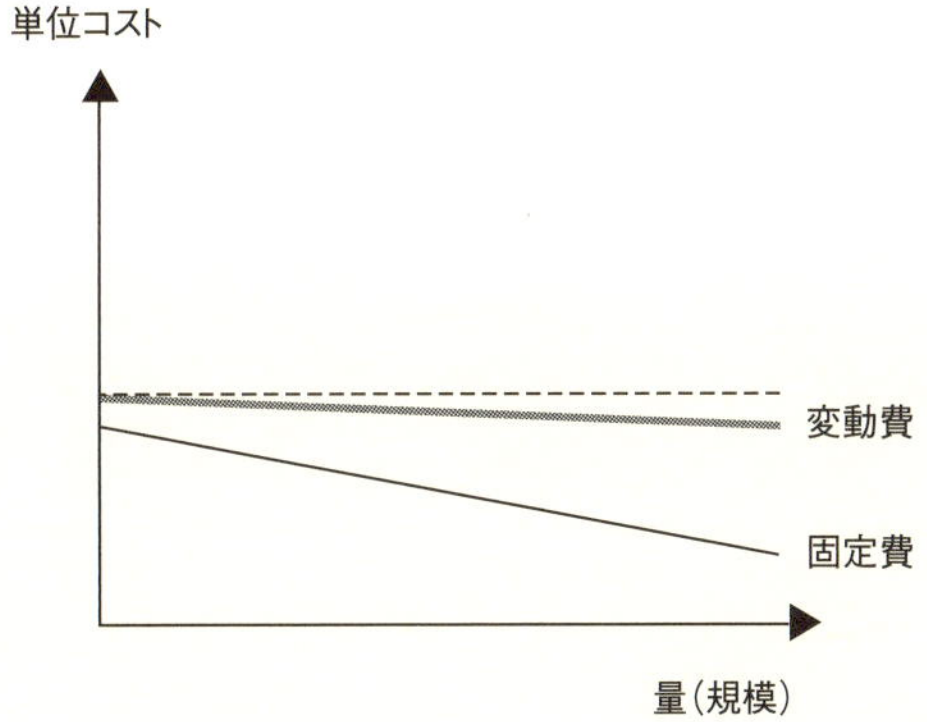

事は慣れるまでは大変ですが、慣れてくれば徐々にコツがわかってきて効率的にできるものです。経験曲線と初めの二つとの違いは、経験によるコスト低減が「経験の蓄積」によるのに対し、先の二つはある一定期間（たとえば年間）の生産あるいは販売量によって決まることです（図4－5）。

さらに、既に説明しましたように、（一）は固定費に関係し、（二）は変動費に関係します。そして、この（三）は学習ですから、人間に関わるコスト、たとえば製造、販売、研究開発といった部門で発生します。もちろん、人件費の削減という形で発生する場

図 4-5 経験曲線

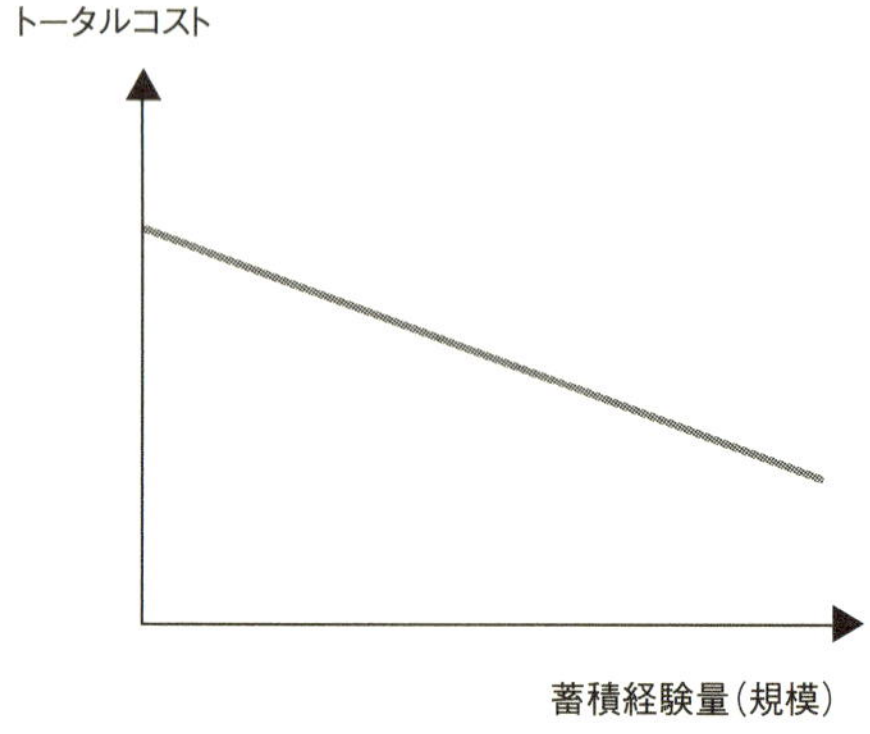

合もありますが、ロスの減少とか、生産性のアップという形で出ることもありますので、一概には言えません。

このように規模の経済といっても、いろいろな要素が絡んでいますし、実際に「規模が大きいからコスト競争力がある」なんていった場合、いったいどのコストが他社に比べて低いのかを明確にする必要があります。なぜなら、すぐ次で説明をするようにたとえば電算費など固定費が分散されて低い場合、より規模の小さい企業はＩＢＭのような規模の大きな専門会社に外注（アウトソーシング）して、そのギャップを簡単に埋めてしまうかもしれないからです。

変動費、つまり売り手への交渉力がコスト競争力のカギであれば、他社が共同購入をして規模の拡大を図ったり、あるいは売り手と協力し合ってコストを削減しようとしていないか、注意を払う必要があります。経験量はそう簡単には逆転できないから安泰かといえば、そうでもありません。まったく違う技術、商品が出現すれば、経験はまた振り出しに戻ってしまうかもしれません。いずれにせよ、**規模の経済を考えるときは、その源泉をはっきりさせ、他社の動きに注意を払う必要があります。**

ドットコム、インターネットの隆盛で「規模よりもスピードが大切だ」といった風潮がありますが、個人的にいえば悪乗りだと思います。規模は競争上非常に重要な要因の一つであることを忘れてはなりません。特に、規模は「大きい→強い→大きい」という、自己再生産の要素を持つため、真似が大変しにくい要素を持っています。

また、直接、規模の経済とは関係ありませんが、GEのCEO、ジェフ・イメルトが指摘するよう、大企業は一つや二つの失敗ではびくつかないので多くのプロジェクトを試すことができ、うまく管理すればイノベーションを起こせる可能性を持っています。今日の強みが明日の強みにつながる規模を生かすことの重要性は、インターネット時代であっても変わりません。

垂直統合とアウトソーシング

最後に、強み、弱みと関連して垂直統合と外注（アウトソーシング）について考えます。ある機能を自社でまかなうかそれとも外注するかは、make or buyの問題などといわれ、戦略上の重要な要素です。これまで行ってきた機能をアウトソーシングする例は、コンピュータシステム（例：IBM、アクセンチュア）などでよく見られますし、また半導体などに参入する企業が実際に自ら担当するのは企画設計のみで、製造はアウトソーシングする例などもよく見られます。

一方で、たとえばメーカーが小売機能までを取り込むような動きや、逆に小売がプライベートブランドなどで製造機能まで取り込むことは、先ほどのバリューチェーンを縦にして垂直統合と呼ばれます。

アウトソーシングの利点は、これまで申し上げたとおり、自社の資源を強みに集中させることができることで、弱みは外注に任せて補えます。コンピュータシステムなどは技術の進歩も大きく、一社でシステム部員を抱え、年々機械をリニューアルするより、大手の会社に任せたほうがその会社の規模と技術／知識の蓄積によって、より低コストで質の高いサービスを受けることが可能です。しかし、自社の強み以外は何でもアウトソースすればよいかというと、そうとは限りません。

有名な例は、ＩＢＭのパソコンビジネスです。ＩＢＭは、パソコンのパイオニアといってもいいわけですが、一方でこの事業で最も重要な二つの機能をアウトソースしてしまいました。マイクロプロセッサー（インテル）とオペレーティングシステム（マイクロソフト）です。結果として、アウトソースされた両社がこれだけ利益を上げ、成長したにもかかわらず、ＩＢＭのパソコン事業は赤字続きで、結局事業を売却せざるを得ませんでした。ＩＢＭは一時期、ＯＳ／２と呼ばれるオペレーティングシステムを開発しマイクロソフトと対決しようとしましたが、結局は撤退を余儀なくされています。

第2章で触れましたが、いくら企業に強みがあっても、その強みが事業の成功要因にマッチしていなければ意味がありません。それができなければ、その強みに合わせて事業のルールを変えるか撤退するかしかありません。逆に、ゼロックスはドキュメントカンパニーなどと言いながら、地道な保守を自前で行っています。これは、アフターサービスが、顧客ニーズあるいは商品の改善の情報を収集するために欠かせない機能であったこと、そしてスピーディなサービスが顧客満足の大きな要因であったからです。メーカー機能とは異なるため、ともすると地場の業者に任せれば、ということになりがちですが、重要な機能を自社にとどめておいた良い例です。

一方で、垂直統合は自社で一連の機能を一気通貫で行うため、機能間の調整がしやすいというプラスがあります。特に、顧客との直接の接点を持ち、ブランドのコントロールがしやすいため、メーカーが販売機能を持つ川下統合が多く見受けられます。ファーストリテイリング（ユニクロ）やギャップなどのように、昔は小売店やデパートを通じて販売を行ってきたアパレル会社が自社の店舗を構えた理由は、小売で顧客ニーズを直接かつ迅速に把握し、これを生産にフィードバックすることによって、ファッションという顧客ニーズの予想が難しい世界で在庫と品切れを最小限にしようという工夫です。

時折、小売機能を持つことで、小売に支払っていたマージンを節約できると考える人がいますが、これは誤解です。図4-6のように、それまで、メーカー、小売それぞれが利益を上げていたのに、小売の部分の利益がなくなるとすれば、若干の節約があったとしても、全体としては以前より投下資本利益率（ROI、return on investment）、あるいは総資産利益率（ROA、return on assets）が下がってしまうことになります。メーカ

図 4-6 「垂直統合＝高利益」とは限らない

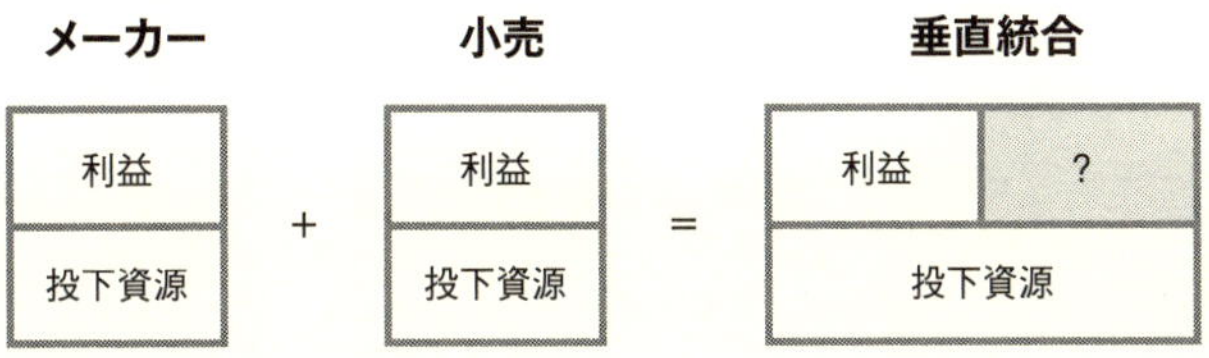

ーと小売の統合が正当化されるためには、それによって顧客の情報が迅速に収集でき、全体の売り上げが上がり、結果として利益が増えなくてはなりません。

最後に、簡単にアウトソーシングと垂直統合のプラスマイナスをまとめておきます。当たり前のことですが、**施策は良いことばかりでありません。ある施策を考える際には、必ずマイナスがどの程度あるか、どんなリスクがあるかを考えなくてはなりません。**プラスばかりの施策であれば、どの会社もやって当たり前ですから、もはや施策、差別化の手段とはいえません。アウトソーシング

表 4-1 アウトソーシングと垂直統合

	アウトソーシング	垂直統合
プラス	●自社の強みに資源を集中できる。 ●新技術の台頭に対して、外注先を変えることで柔軟に対応ができる。 ●組織が簡素化し、官僚化するリスクが下がる。	●機能、部門間のコーディネイトが迅速に行える。 ●重要な機能、資源、情報等を自社に囲い込むことができる。 ●全体の品質管理を徹底できる。
マイナス	●外注先に重要な機能を依存し、事業としての付加価値を取り込まれてしまう危険がある。 ●外注先を通じて、重要な情報、機能が競合相手にもれる可能性がある。 ●外注先との調整が手間取る可能性がある。	●機能を取り込むための追加投資が必要である。 ●組織が拡大し、官僚化／部門利益の追求に走る可能性がある。 ●競争がないため、コスト削減、品質アップの動機付けが減る可能性がある

や垂直統合に限らず、施策、戦略の両面を常に考えて、場合によっては四九対五一での決断をすることが、高い給料をもらっている経営者の役割といってもよいでしょう。

ミニケース

サウスウエスト航空

一九七八年にアメリカで航空業界の規制緩和が始まると、多くの企業が新規参入しました。それまでは、規制のために航空運賃はコストプラス利益だったのですが、規制緩和と競争の激化で運賃は大幅に下がり、結果として多くの需要を生み出しました。しかし、八〇年代に新規参入した約一五〇社のほとんどは生き残れず、また既存大手一一社のうちなんと八社までが破産申請をする状況でした。

この業界は航空機や燃料など全体の八割が固定費で、稼働率を上げるために、複雑なプログラムを使って運賃を変えていました。また、大手の航空会社は二都市をつなぐとき、いったん「ハブ」と言われる大空港に集めて、それぞれの目的地に乗客を運んでいました。空港の自社のハブ化には大きな投資が必要でしたが、ハブ方式は最も効率的だと考えられていたのです。

ハーブ・ケレハー率いるサウスウエストができたのは一九七一年のことです。規制緩和後、サウスウエストはテキサス以外にも運行範囲を広げ、主に短距離の航路を中心に、混雑の少ない中小空港を使いハブでなく二都市を直接つなぎ、ボーイング737のみを使って、低価格で多くの便数を提供しました。二都市間を直接つなぐことは、顧客にとっては大変便利ですが、需要が低ければ、ガラガラで飛ぶことになりかねません。

しかし、サウスウエストは逆にハブを使うから飛行機が地上で遊んでいる時間が多いのだと考え、業界平均一日八・六時間稼動に対して一二時間稼動させました。また、到着してから次に飛び立つまでの時間も業界の三分の一で、しかもそのための荷物の積み下ろし時間は業界平均の半分で、パイロットや客室乗務員が手伝うことも日常茶飯事でした。

機内食はなし、席も早い者勝ちです。便が遅れてもホテル代や電話代を立て替えることもほとんどありません。インターネットによる予約を最初に取り入れ、代理店に支払う手数料を節約しました。サウスウエストが運行を始めたルートは、どこも顧客数が二倍から三倍に増えたといわれました。赤字になったり破産したりする会社が多い中で、サウスウエストは二九年連続（二〇〇二年時点）黒字続きであり、財務体質も健全です。

こうしたサウスウエストの強みの源といわれたのは、CEO（二〇〇一年以降、会長）であるハーブ・ケレハーのユニークなリーダーシップでした。気さくで家庭的である一方、自分にも社員にも会社への貢献を強く求めました。景気が悪くなったときにはパイロットの給料を五年間凍結する一方、自分の給料も同様に凍結したこともあります。「社員に献身を求めるためには、まず自分がだれよりも働かなくてはならない」ことを実際に見本で示すビジョナリーリーダーだと言われています。

リーダーゆずりの献身と協力に象徴されるサウスウエスト・スピリットを支えるのは、厳しい採用基準と密なコミュニケーションでした。採用後の研修でサウスウエスト・スピリットをたたきこまれ、その後も社内のUniversity of Peopleで繰り返しさまざまな集合研修が行われ、「別の部署に行って、どのような仕事をしているか経験する日」などもありました。社員の提案は推奨され、そこからさまざまな効率化案が生まれました。組合もあったのですが、他社と違い労使が協調して問題解決にあたりました。ケレハーは次のように語ります。

当社にはTQMなんていうたいしたものはない。ただ、みんな自分の仕事にプライドを持っているだけのことだ。……やはり、企業にとって社員は最も重要だ。会社が社員を扱うように、社員は顧客を扱うからだ。……だから、私は社員一人一人が自分のやりたいようにやり、他の人を楽しませてくれるように任せたのだ。仕事とは、必ずしもぎちぎちのルールの中で自分を殺すことではないと思う。楽しんだっていいんだ。そういう気持ちになれば、自然とやる気は出るものだ。

サウスウエストの成功を見て、多くの模倣者が現れました。その多くは、新規参入企業でしたが、実際はほとんど成功しませんでした。また、大手も子会社を作って対抗しました。たとえばユナイテッドは、カリフォルニアで737だけを使い、低価格で、追加サービスを減らした短距離の営業を始めました。ただ、席は予約制を続け、代理店も活用し、また既存の空港も使いました。しかし、サウスウエストにはどうしてもコスト面で太刀打ちすることができませんでした。

これまで、サウスウエストは急速に成長してきましたが、野放図に成長してきたわけではありません。自らのビジネスモデルを守り、身の丈の中で成長してきたのです。ケレハーは一九九三年に、社員に対して「大きければいいというものではない」と明言していました。

二〇〇二年のサウスウエストは、たいへん面白い立場にありました。ニューヨーク、ワシントン、ボストンといった地域を抱える北東部は市場としては非常に魅力的でしたが、サウスウエストのシェアは極めて限られていました。大手が911の余波で苦しむ中、シェア拡大の絶好のチャンスと考えることもできました。

しかし、一方で天候、特に冬の雪や空港の混雑は、これまでのサウスウエストのモデルを狂わせる可能性もありました。さて、サウスウエストはどのように今後の戦略を考えるべきでしょうか?

サウスウエストは日本でも有名で、ちょっとしたMBA的研修には必ず出てきます。テキサスが本拠地であるのと、これまで何百と見たケースの中でもトップ5に入る良いケースですので、外せません。

業界分析(規制緩和前)

業界といえばファイブフォース分析です。いろいろ細かいことはありますが、ざっと見ると図4-7のようになるのではないでしょうか。

まず売り手から見ていきます。分析の基本は「できるだけシステマティックに」ですから、私はいつも「損益計算書を考えて、どんなコストが発生しているか考えてみなさい」と教えます。売り手とはつまり、当該業界の各社が何かを買っているわけで、若干の違いがあっても損益計算書の費用項目を見ることで大きなもれはなくなります。特に、この業界では組合(従業員)のパワーが大きな問題ですから、それも見逃せません(人件費)。

買い手は、大きくレジャー客とビジネス客に分けられます。損益計算書の考え方ですと、旅行代理店は売り手に入るのですが、顧客を代表しているという意味で「買い手」に含めています。一般にメーカーでは最終ユーザーだけでなく、問屋、小売店を忘れてはなりません。

参入障壁は随分あります。特に、歯ブラシや石鹼と違い、安全性という面での信頼は大きな障壁です。他にも設備投資は必要ですし、限られた資源である空港のターミ

図 4-7 航空業界のファイブフォース分析

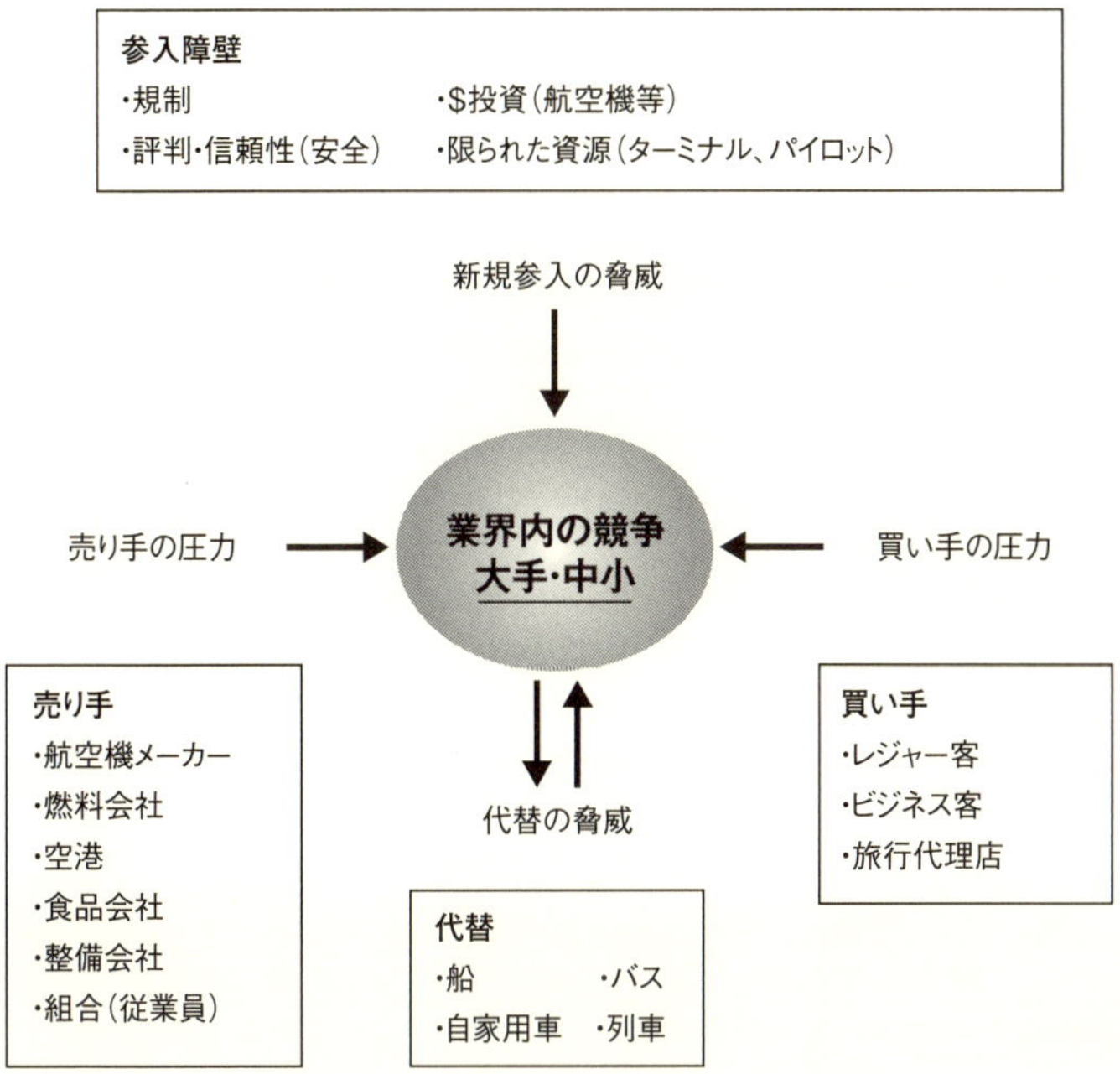

ナル利用権を獲得したりパイロットを集めなくてはなりません。

競争は激しいのです。大手がごろごろいます。ただ、当時、まだマイレージプログラムなどはなく、それほどスイッチングコストは高くなかったかもしれません。

最後に、代替としてはいろいろな乗り物が考えられます。ここで注意すべきは、一般に代替品の脅威などといいますが、向こうがこちらを代替できるのであれば、こちらだって向こうを代替してもおかしくないということです。矢印は、両方向に向かっているはずです。

この分析を見渡してどうでしょうか? ケースには詳しく書かれていませんが、常識を使って考えてみてこれだけ見たら魅力的な業界でしょうか? どうしてそんなに多くの新規参入があったのでしょうか? 規制が一番大きな障壁であるといっても、それがなくなったから「ハイ参入よ」となるものでしょうか?

この航空業界のファイブフォース分析は、二つの重要な示唆を与えてくれます。まず**ファイブフォース分析は将来を予言してくれません**。分析とは過去のデータを見るわけですから、今後どうなるかを分析そのものは語ってくれません。もっと言えば、外部環境とは必ずしも与えられるものではありません。これから参入する企業が何をするかで、業界全体が変わる可能性すらあるのです。既に申し上げたとおり、「**分析**

は出発点にすぎない」のです。

それと関連してもう一つは、ファイブフォースによる業界の現在の分析を通じて事業の機会を探ることができるということです。もっと言えば、既存の会社が売り手、買い手とどのような関係を持っているか、何で競争しているかなどを理解することで「満たされていない潜在ニーズ」「非効率」を見つけるのです。多くの新規参入企業は、既存大手航空会社の事業システムに多くの「非効率」を見つけ、「**満たされていない潜在ニーズ**」を狙って参入したと捉えることができるでしょう。

サウスウエストの戦略

戦略の分析の仕方にはいろいろありますが、ここではWho（Customer）、What（商品、サービス）、How（Company）の枠組みでまず考えます。ちなみに、商品、サービスとは、ターゲット顧客のニーズと自社のビジネスモデルが交わったところと考えることができるのではないでしょうか。

ここで重要な点は二つです。一つは、ビジネスシステム、資源に関して、これが顧客へのよいサービスまたは低価格に反映されていなければ何の意味もありません。どんなにいい会社であったとしても、顧客から見えるのは会社ではなく、それが提供する商品、サービスだからです。

たとえば、企業文化が重要であると考える場合、それがどのような形で商品、サービスに反映されるのかを考えなくてはなりません。もう一つは、繰り返しになりますが、商品、サービスはただ低価格、良いというだけでは不十分です。どのようにして競合他社に比べより低いコストで、あるいはより高い価値を提供できるかが戦略の核です。

こうしてみると、実際に大手の子会社がしたように、一つ一つの要素、たとえば737を使うとか、二都市間を結ぶとか、追加サービスをなくすといったことは、真似しようとすればそんなに難しいことではありません。しかし、そうした模倣者がほとんどすべて失敗した原因の一つに、すべての要素を低コスト、フレンドリーサービスという商品のために一貫性をもって徹底できなかったことがあります。

表 4-1 サウスウエストの戦略分析

Who（ターゲット顧客）	What（商品、サービス）	How（ビジネスモデル）
・レジャー顧客 ・ビジネス顧客	・低価格のフライト ・フレンドリーサービス ・時間に正確	・追加サービスなし ・737だけ ・空港の選択 ・迅速な積み下ろし、発着 ・2都市間を結ぶ短距離限定 ・フレンドリーな企業文化

既に空港の権利があるから、代理店は切れないからなどと、「これくらい大丈夫だろう」「せっかくあるのだから」といった甘さがあったのだと思います。そして、もう一つは、ハーブ・ケレハー自ら言うように人と文化です。企業文化は一朝一夕にできるものではありませんし、また真似しようとしてもできません。リーダーの毎日の行動、そしてどのような人を選び、どのような教育をしていくかという、日々の積み重ねです。

ただ、サウスウエストの本当にすごいところは企業文化というより、**こうした成長を遂げながらもその文化を守り抜いた**ことです。組織が小さいときは、社長から社員まで全員顔見知りで家族のように一生懸命働いたのに、大きくなるうちに官僚的になったり、逆にばらばらになったりという「一瞬成功した企業」は随分多いのではないでしょうか。

コスト戦略を追求した模倣者が失敗に終わったもう一つの理由は、**「安い商品の提供」と「商品を安く提供すること」を混同**したことにありそうです。前者のやり方は簡単です。質の悪い材料、技術のない労働者を使えば極端な話、だれでもできます。ところが、前述のとおりコスト戦略とは後者です。模倣者の中にはバリュージェットのように、当初は成功していた会社もありました。

しかし、コストを常に低くする圧力に耐えかねて安い商品を求めたきらいがあります。メンテナンスの間隔を少し長くすれば、随分コストは節約できます。結果として起こった墜落事故によって、バリュージェットはすべてを失ってしまったのです。

サウスウエストの課題と方向性

二〇〇二年時点の、サウスウエストの課題は何でしょうか？　北東部に本格進出するかどうか？　そのとおりです。しかし、なぜそれが課題になるのか、もっと言えば、なぜ成長しなくてはならないのかという質問に対して、明確に答えられる学生はMBAでも意外に多くいません。

前述のとおり、成長には三つの目的があります。**投資家のニーズを満たすため、顧客のニーズを満たすと同時に規模の拡大を通じて競争力を増すため、そして社員にさらなる成長の実感と機会を与えるためです。**初めの二つが大切なのは当然ですが、サウスウエストの場合、その企業文化が競争力の大きな源泉ですから、社員の意識を保ちつづけるためには少しくらいのリスクを犯しても成長を求めることにならざるを得ません。

良い会社、家族的な会社はいいのですが、成長しなければ、同じ仕事を同じ顔ぶれで一〇年も二〇年もし続けることになります。とてもエキサイティングとはいえないでしょう。流れない川はどうしても淀んできます。実際、サウスウエストは北東部に本格参入したばかりでなく、現在はビジネスモデルを崩すとして避けてきたデンバーなどの大空港や国際便の検討までしています。いい会社でも、あるいはいい会社だからこそ、成長し続けることは非常に重要なのです。

第5章

事業戦略

第2章から4章まで、戦略とは競争に勝ち、成長するための作戦であること、そしてそのためには3C（Company＝自社、Competition＝競争あるいは競争相手、Customer＝顧客）を踏まえることの重要性を議論してきました。ここでは、さらにそうした競争の勝ち方について考えます。

一つの事業を行ってどのように競合他社に勝つかを考えるのが事業戦略です。多くの企業はその事業が成熟化したり、あるいはそこで蓄積したノウハウや資源を活用して別の事業に参入します。こうした複数の事業をどのようにマネジメントしていくかを考えるのが企業戦略です。第5章では事業戦略を、第6章では企業戦略について考えてみたいと思います。

第3章でスイッチングコストの話をしました。顧客の立場になってみれば、企業の提供する商品を購入するかどうか、あるいは既に購入している場合、他社の製品に替えるかどうかは、その商品／サービスの質と対価を比べ、スイッチする場合はスイッチングコストも含めて考えることになります。つまり、表5-1の方程式が成り立ちます。

したがって、事業戦略は大きく分けて分母の価格を下げることで顧客にとっての魅力度を上げるコスト戦略と、分子である価値を上げることで顧客にとっての魅力度を高め差別化を図る価値戦略に分かれます。価値戦略は差別化戦略とも呼ばれることもあります。しかし、コスト戦略もコストで差別化するわけです。ここでは混乱を避けるために、コスト戦略に対して、差別化戦略ではなく価値戦略と呼びます。

マイケル・ポーターは、これに加えてより顧客層を絞り込んだニッチ戦略を提唱しています（『Competitive Strategy』）。しかし、私には単にターゲットの広さの問題のような気がしますし、ニッチであっても価格か価値かで差別化することの必要性

表 5-1 戦略を考える基本方程式

$$\text{顧客にとっての魅力度} = \frac{\text{商品／サービスの「価値」}}{\text{商品／サービスの対価（価格）}}$$

は変わりません。ポーターは偉い先生なので、めったなことは言えませんが、このあたりの説明は冗長ではないでしょうか。

それぞれの説明を簡単にする前に、注意点を二つほど挙げたいと思います。まず、コスト戦略と価格戦略は違います。え、先ほど価格を下げるって言わなかった？はい、言いました。ただ、スーパーが卵や牛乳の特売をして顧客を呼び込むようなやり方では差別化できません。他のスーパーだって同じようにできるからです。

本当のコスト戦略とは、マイケル・ポーターがいみじくも指摘するように（What is strategy? Harvard Business Review, 1996）、違うことをするか、同じことを違うようにやって構造的なコスト優位を構築したうえでその分のコストの差を価格を下げるという形で顧客に還元することです。その良い例は、顧客から直接受注生産するシステムによって、小売マージンだけでなく部品の陳腐化を避け、在庫コストを下げ、その分低価格で顧客に他社と同様の品質のパソコンを提供できたデルに見られます。

もう一つは、コスト戦略だから価値を無視していいというわけではありませんし、逆に価値戦略でも低コストで出来たほうがいいに決まっています。だいたい、どの会社でも極端なコスト戦略と極端な価値戦略を両端にすると、その間のどこかに位置するものです。特に、価値戦略の場合には、二つのステップで考える必要があります。

まず最初のステップは、ターゲット顧客の選定です。価格を重視する顧客層をターゲットとするのか、それとも価値を重視する顧客層をターゲットとするのかを考えます。自動車であれば、単に「乗り物」として最低限の機能を重視し、その中でできるだけ安い商品を選ぼうとする顧客もいるでしょうし、一方で自動車に基本機能以上のブランドやプレステージを求める顧客もいます。

したがって、第二ステップとして、前者の顧客層を選んだコスト戦略の場合には、基本機能をできるだけ低価格で提供できるように戦略を考えます。一方で後者を選んだ場合、価値を上げるためにさまざまな付加機能をつけたり、ブランド力を上げるための宣伝広告をするわけですが、一方でそこにも競争相手がいます。たとえば、ベンツ、BMW、レクサスです。高い価値を提供するといっても、競争相手に比べてはるかに価格が高いようなら、競争力はもてません。

コスト戦略

前述のとおり、**コスト戦略とは「違うことをするか、同じことを違うようにやって**

構造的なコスト優位を構築したうえでその分のコストの差を低価格につなげる」戦略です。そのためには、いくつかのアプローチが考えられますが、代表的なものは以下のとおりです。

（一）商品の機能を絞り込み、標準化する（例：マクドナルドの商品の絞り込み、マニュアル化）

（二）ビジネスモデルの中で顧客にとって価値の低い機能をなくす・減らすことでコストの削減を図る（例：デルのビジネスモデル）

（三）規模の利益によってコスト削減を図る

（一）も（二）も重要ですが、やはり一番決定的なのは（三）でしょう。前章で説明したとおり、規模が大きいことは、コストを下げるのに決定的に有利です。「固定費の単位あたりの引き下げ」という点では、企業単位の規模の経済もありますが、商品単位で考えた場合、例えば半導体やフラットパネルで見られるように製造ラインをいきなり大きく立ち上げることで、投資規模の小さい競争相手に圧倒的なコスト競争力を持つ戦略が考えられます。また、それによって経験の蓄積も早く進むでしょう。

売り手への交渉力の拡大によりコスト削減のためには、ゴーンさんが断行したように売り手の数を絞ったほうがいいに決まっています。

ただ、**「いいことばかりの施策はない」**ことも確かです。こうしたコスト戦略のアプローチをとるとき、内包しているリスクを十分に認識しておかなくてはなりません。まず、規模の経済を求めて大型投資をすることは、大きなリスクがあります。そもそも投資金額が大きいということもありますが、例えば競争相手がもっと大きな投資をしたら「自分では」大きいと思っていてもコスト優位は望めません。泥沼の投資競争になったら目も当てられません。また、せっかく大きな投資をして建てた工場も、技術変化によって商品あるいは製造技術が陳腐化してしまったら、投資を回収できなくなるかもしれません。

仕入先を絞ることも同様です。仕入先の数を減らすことが、一社当たりの注文量を増やし、こちらの発言力を高めるわけですから、究極的には一社でよいわけです。

しかし、一社にすれば、もしその一社に何か問題があったとき製造ラインはストップします。あるいは、その一社とつながりが強くなりすぎて他によい製品があっても簡単にスイッチできなくなったり（スイッチングコスト）、逆に売り手のほうの交渉力が強まることだって考えられます。ほとんどの企業が同様の製品の仕入先を少なくとも二〜三社にしているのはそういう理由があるからです。

価値戦略

コスト戦略に比べ価値戦略のほうはさまざまなアプローチがありますが、「**違うことをするか、同じことを違うようにやって**」他社に真似のできない価値を顧客に提供するという点では同じです。「価値」には次の二つの種類があります。

（一）機能的価値（例：追加機能、高品質、高スピード）
（二）情緒的価値（例：ブランド、プレステージ）

機能的価値を上げるには、さまざまな技術革新が必要となります。当然、開発投資が重要なポイントになります。一方で、情緒的価値を上げるには、広告・宣伝だけではなく、既に高いブランドを持っている個人または企業と提携したり、ブランドの価値が下がらないよう商品数を限定したりするなどいろいろな方法があります。ただ、いずれにしても重要なのは価格という、ある意味で万人が気にするポイントに比べ、価値は人によって極めて多様であるという点です。したがって、ターゲット顧客の絞り込みがたいへん重要になります。

価値戦略にも、注意しなくてはならないさまざまな落とし穴、リスクがあります。一つは、多くの開発投資をしたからといって、優れた商品、技術が生まれる保証はどこにもないということです。もう一つはターゲット顧客の絞り込みすぎです。ターゲット顧客を絞れば絞るほど、その固有のニーズにフォーカスできるので差別化しやすくなることは確かです。しかし、一方であまりにそのターゲット顧客が狭く、市場が少ない場合、価値を上げるための投資が回収できなくなるかもしれません。

また、いろいろな機能をつけ、質を高めて「価値が上がった」と会社側が思っても、顧客は必ずしも同じように認識してくれないかもしれません。技術的にはソニーのPS3のほうがはるかに高いのでしょうが、任天堂のDSやwiiの人気が高いことは、「会社の思い込み」に警鐘を鳴らしているのではないでしょうか。

価値戦略についても、常に競合相手が「真似」してくることも考慮しておかなくてはなりません。非合法な「偽商品」は論外としても、機能やサービスの高品質化については、特許があってすら必ずしも安泰ではないと指摘されています。差別化が明確であるうちに、次の手を常に考える必要があるわけです。

一番手か二番手か

顧客を獲得するためには、最終的には競争相手よりも高い価値を提供するか、低い価格を提供するかのどちらかであり、そのためのアプローチと内在するリスクの説明をしました。ここでは、そうした高い価値または低い価格実現のための**時間軸**を利用したアプローチを説明したいと思います。一番手のメリット（First mover advantages）と言われるものです。

どんな商品、サービス、ビジネスでも「前例がない」場合、一番手の会社は二番手以降の他社に比べてさまざまなメリットを享受することができます。たとえば次のようなものが挙げられます。

- **技術上の優位**（例：特許、さまざまな知識の蓄積）
- **限られた資源の先行確保・占有**（例：特定の原材料、場所、人材）

- **スイッチングコストの発生（例：ブランドの先行的な確立、長期契約）**
- **先行投資によるコスト優位性、後続企業への脅威の確立（例：工場投資、経験の蓄積）**

良い例はアマゾンです（アマゾンは正確には一番手ではないという人もいますが、この際、無視します）。書籍、ＣＤなどをインターネットで販売する「一番手」として、インターネットでものを買うときにまず思いつくのはアマゾンですし（ブランド力）、先行投資による顧客管理ノウハウの蓄積、ロジスティックスの整備は他社の追随を許さないものがあります。アサヒビールのスーパードライが、一時期はあれだけ多くの「ドライビール」があったにもかかわらず唯一生き残り、しかもビールのナンバーワンブランドになったのは、一番手であったことが大きく影響しています。

しかし、「いいことばかりの施策はない」法則はここでも当てはまり、一番手だからこそあるデメリット（First mover disadvantages）、あるいは二番手のメリット（Second mover advantages）も厳然として存在します。これは一番手のメリットのまったく裏側で、結局「前例がない」からさまざまなメリットがある一方、「前例がない」からさまざまなリスクもあるのです。

- 市場の不確定さ（そもそもニーズがないから前例がなかったのかもしれない）
- 顧客の啓蒙コスト（二番手は、一番手が啓蒙してくれるので「フリーライド」できる）
- 顧客ニーズあるいは技術の変化

一番手のメリットを説明すると、新しいことをやるメリットとして何でもかんでも「一番手がいい」と思ってしまう学生が必ず出てきます。しかし、なぜこれまで他の会社がやらなかったのかをもう一度よく考えてみる必要があります。技術が発達していなかったのであればわかりますが、もしかしたら、そもそもそんなニーズがないのかもしれません（例：インターネットでハンバーガーを買う）。

アマゾンの例で言えば、当初何年間も赤字を垂れ流して広告宣伝をし、「インターネットで本やCDを買う」「クレジットカードをインターネットで使っても大丈夫である」ことを一般化させなくてはなりませんでした。一時期はAmazon.comではなくAmazon.org（赤字の続く非営利企業）だと皮肉られ、ウォールストリートではアマゾンは生き残れないのではないかという議論もかなり確信を持って語られていたほどです。二番手以降の会社は、アマゾンが広めてくれたので、ずっと楽に事業が出来ました。

ただ、本やＣＤでなくペット用品、家具をインターネットで買ってもらうには、またそれなりの啓蒙が必要だったわけで、アマゾンの真似をして他の商品を売ろうとした「一・五番手」のインターネット販売会社のほとんどは消滅していきました。逆に、松下が「マネシタ」と呼ばれ、他社が開発・発売した新商品を真似して、ちょっとだけ良くし、その流通網であっという間に市場を席巻したのはよくご存知であろうと思います。

競争は常にダイナミックです。今日、コスト競争力、価値競争力があるからといって、競争力が未来永劫続くわけはありません。同様に、一番手でメリットを享受しても、それは永久ではあり得ません。**常に現在の強み、競争力を用いて未来の競争力に対する布石を打たなくてはいつかは競合に追い抜かされます。**だから、一番手になれなかった企業は、まだまだ盛り返すチャンスがいくらでもあると考えるべきだと思います。

まとめ

これまで第2章から第5章までで述べてきたことを、いったん「基本の基本モデル」としてまとめてみたいと思います。

「事業の目的とは、顧客を創造することである」

ドラッカーの言葉に従えば、事業の目的とは成長することだと言い換えることもできますし、競争に勝つ、負けるは、顧客の獲得で決まります。まったく初めて商品／サービスを使う顧客を「創造」することもあれば、既に競合の商品／サービスを使っている顧客を他社から「奪う」こともあるでしょう。

そして、いったん獲得した顧客は、今度は他社に奪われないように守らなくてはなりません。顧客を獲得し、成長することは株主の期待にこたえるだけではなく、企業そのものの競争力を高めると同時に、そこで働く社員に対して自己実現のチャンスを広げます。そのために重要なのが、顧客のニーズに基づいたターゲット顧客の選定というトレードオフでした。そして、顧客を獲得し、守るための重要な概念として**スイッチングコスト**があります。

図 5-1 戦略を考える基本の基本モデル

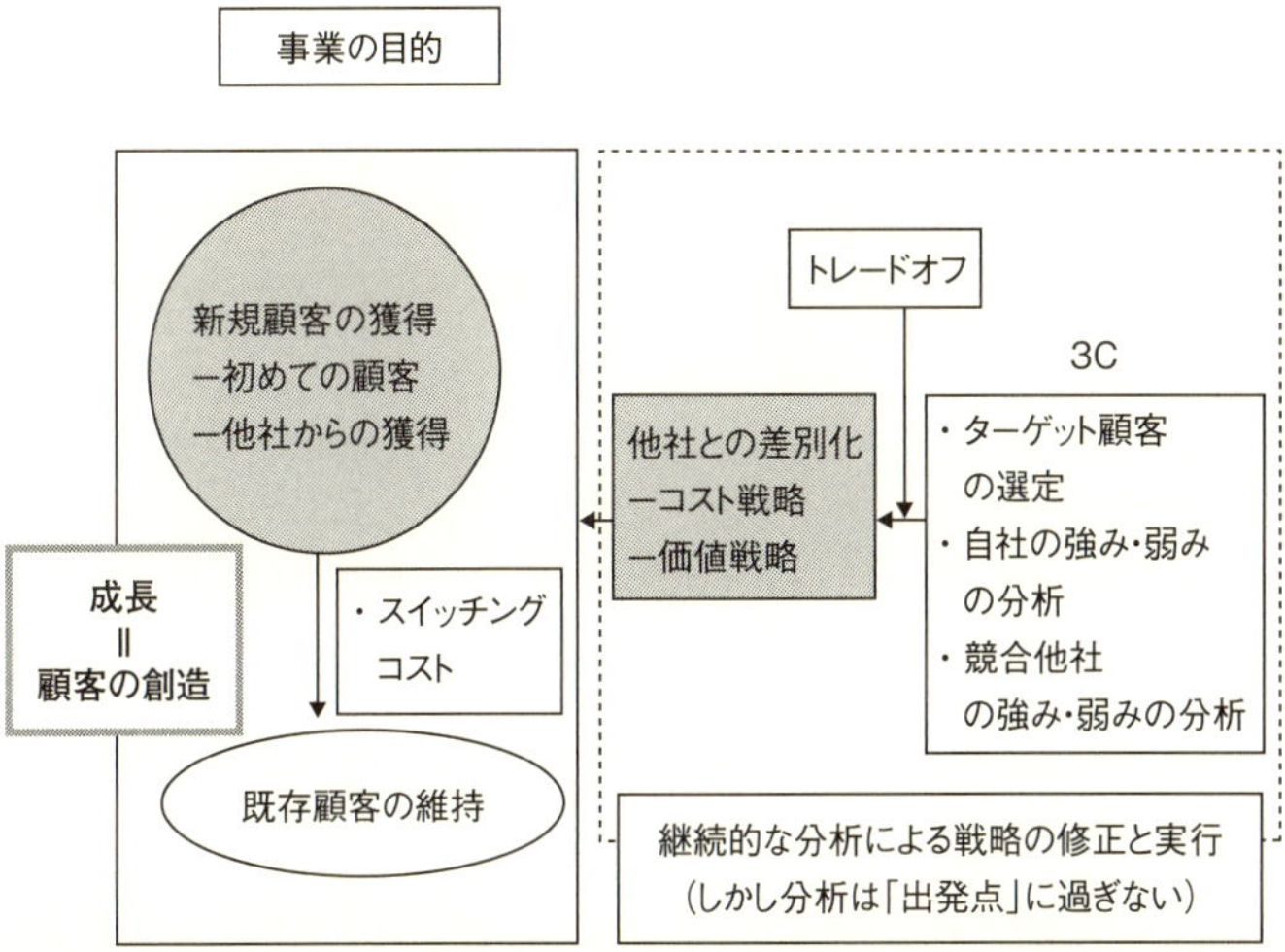

ターゲットとした顧客を獲得し、守るための手段は基本的には二つしかありません。価値またはコストのいずれかで差別化することです。それは、単に商品の価値が高い、価格が安いということではなく、競合に対してより価値が高い、または、より価格が安い商品、サービスを生み出すことのできるビジネスシステムを構築することです。言い換えれば、商品、サービスは戦略の重要な一部ではありますが、一部でしかありません。

そして、ここでも他社と差別化するためには、資源配分の**トレードオフ**がなくてはなりません。何でもやろうとするのではなく、自社の強みに集中することです。そのためには、自社の強み、弱みをよく認識し、それに合ったターゲット顧客を選定すると同時に、競合他社の強み、弱みを分析し、相手の土俵で戦うことが決してないようにしなくてはなりません。自分が小さく、あるいは新規参入者である場合はなおさらです。自分の土俵を見つけることが、自社の強みを生かすためには欠かせません。そのためには、ハイリスク・ハイリターンであっても一番手の道を選ぶ必要があるかもしれません。

顧客を獲得し、維持することが最終目的であるとすれば、その手段である戦略は常に顧客ニーズの変化や競合他社の動きに合わせて修正、進化させなくてはなりません。

また、新規にある事業に参入するときは、顧客のニーズ、既存企業の動向を十分認識する必要があります。その意味で、ファイブフォースなどの分析を継続的に行い、勝つ作戦を考え続け、実行し続けることが経営戦略の根本であると思います。

しかし、繰り返しになりますが、**分析は出発点ではありますが、結論ではありません。**分析は過去のデータであり、未来は企業自体がどのような戦略を打つかによって変えることができるのです。企業とは環境に翻弄される消極的な存在ではありません。分析はあくまで素材であり、それを料理する技と創造性こそが戦略の命であり、そこにこそ経営者の差が出るのだと思います。

ミニケース

スターバックスコーヒー

日本でもおなじみのスターバックスは、一九八〇年当時厨房メーカーの社員だったハワード・シュルツのイタリア旅行でのインスピレーションから始まります。イタリアで、コーヒーが生活に根付き、またロマンチックな役割を果たしていることに感動したシュルツは、コーヒーといえば安くて質が悪いと相場が決まっていたアメリカで、出入りのコーヒー店（主に豆売り）スターバックスにイタリアのようなコーヒーショップを全国展開することを提案しますが、店主に却下されます。あきらめ切れないシュルツは一九八五年、自分の店を開き、一九八七年、オーナーからスターバックスを買収して歴史が始まるのです。

イタリア譲りのスターバックスは、単にグルメコーヒーを提供するだけでなく「スターバックスエクスペリエンス」と呼ばれる、ゆったりとしてくつろげる雰囲気を売り物にしていました。「秘密なんてない。やろうと思えば誰でも出来る」と感じていたシュルツは、競合他社に真似されないよう、フランチャイズを使わず、一度に全米に展開するのではなく、豆売りの通販のデータを元に、ニーズの高いところから一つ一つの都市を「征服」するような形で急拡大を図ったため、当初三年間は赤字続きでした。グルメコーヒーのパパママショップはあっても、チェーン拡大の前例はなかったため、シュルツがマイクロソフト、ノードストロームなどの有名企業をモデルにして社員の育成・教育や成長戦略を考えたことはよく知られています。

スターバックスでは高級な豆を仕入れるだけでなく、焙煎も自社で行うために従業員の教育にもことさら力を入れました。パッケージもユニークで目立つものにし、店頭の従業員はバリスタと呼ばれ、顧客にスターバックスの説明をしながらコーヒーについてのアドバイスなどをしました。そうした質の高い社員・アルバイトを確保、維持するために、教育はもちろん、アルバイトにまで健康保険やストックオプション（Bean Stock Plan）を提供していました。その結果、アルバイトの離職率は業界の半分以下でした。

一九九六年の段階でスターバックスは、二〇〇〇年までに全米で二〇〇〇店を出す予定でした。しかし、一方でグルメコーヒー市場もそろそろ成熟だというアナリストもいました。

二〇〇六年一〇月の段階では全世界で約一万二五〇〇店（うち海外三六〇〇店）、株価も順調に上がり、一時期は株価収益率でグーグルを上回りました。中期的にはアメリカ、海外それぞれ一万五〇〇〇店ずつをめざすとしています。

新しい事業への参入

　スターバックスのケースでまず重要なのは、「なぜこのビジネスをシュルツは始めたのか」という点です。ビジネススクールや経営書では分析の重要性を盛んに説きますが、ファイブフォース分析をした結果グルメコーヒー店を始めたわけではありません。シュルツも含め、実際に成功した企業家を見てみると大半が「好きだった」「感動した」「大変不満に思った」などの直観や感情が大きな役割を果たしていることがわかります。

　だからといって、分析をなおざりにしてよいわけではありませんが、おそらくビジネスの世界では感情、直観が必要以上に貶められている気がします。分析は常に過去のデータに基づいており、そうしたデータをどれだけ分析しても未来のことはなかなかわかりません。自分の感情、直観を直視し、未来を切り開いていく情熱が大きな要因であったと言わねばなりません。過去は変えられませんが、未来は変えられるのです。

スターバックスの成功要因

それと関連して言えるのは、一番手のメリット（First mover advantages）です。グルメコーヒー店自体はあちこちにあったのでしょうが、スターバックスはチェーン展開をめざした最初の会社といっていいと思います。それによって、「うまいコーヒー＝スターバックス」の評判が定着するだけでなく、店の場所や人材も競合他社が真似をする前にいち早くおさえることができました。

当然一番手であるがゆえのリスクもありました。スターバックスのもう一つの成功要因として、一番手のメリットを最大限に享受しながら、一番手のリスクを最小化する手をきちんと打ったことが挙げられます。通信販売のデータを利用して、共食いになる危険も踏まえ高級コーヒーのニーズの高い都市を選んだこと、一番手であるがゆえに高級コーヒーのよさ、スターバックスの魅力を顧客に宣伝、浸透させなくてはならないのですが、都市を選んで集中的に出店することでそうした顧客啓蒙コストを最小化し、ブランドの浸透を図り、さらにはその地域での競合の出店の余地を最小化したのです。また、業界では見本となる企業がありませんから、別の業界からお手本企業を探し、そこから学ぼうとした態度も注目に値するでしょう。

もう一つの成功要因は、サウスウエストと同様、一貫性です。「うまいコーヒー」を「いい雰囲気で」提供するために、たとえば成長という面から言えばフランチャイズ方式をとったほうが早くかつ低コストでできるのですが、頑なに自社出店にこだわりました。また、社員への教育、待遇についても、こうした質の高いサービスを提供するために妥協しませんでした。

ウォール・ストリート・ジャーナルによれば、スターバックス店頭でのコーヒー持ち帰り率はアメリカで八〇パーセントなのに対し、日本ではたった二〇パーセントだそうです（二〇〇六年一〇月二四日付）。記事には「日本では家が狭い」などと書いてありましたが、アメリカでの持ち帰り率がこれほど高くなっていることに注目すべきでしょう。なぜなら、スターバックスの売りは、店の雰囲気、スターバックスエクスペリエンスだったからです。このデータは、スターバックスの成長によって、明らかに市場が進化し、顧客の行動パターンが変わったことを示唆します。そう考えてみれば、当初全米二〇〇〇店でも危ぶまれていたのが、一万五〇〇〇店と言われても納得できそうです（ちなみにマクドナルドは全米約一万四〇〇〇店）。

成功することと成功し続けること

最近は、創業者で今は経営の一線を退いているシュルツ会長が「スターバックスは成長のためにブランドを陳腐化（Commoditize）させていないか?」というメモを、全幹部に送ったことがレポートされています（ウォール・ストリート・ジャーナル二〇〇七年二月二四日付）。彼自身、スターバックス・ブランドとの相乗効果を狙って雑誌や家具販売に手を出した経緯があり（いずれも撤退）、まだいまだにCDの販売はしています。

成功しても安心せず、そして試行錯誤を続ける姿は、まったく業種も国籍も違いますが、日本のトヨタと共通するところがあるのではないでしょうか。スターバックス、トヨタがGEについで「アメリカで最も賞賛される企業二〇〇七」の二位、三位に輝いたのは偶然ではありません（フォーチュン誌二〇〇七年三月一九日号）。これだけの規模になった今、どのようにして成長とブランドを両立させていくのか、個人的にも大いに注目しています。

スターバックスの例は、直観、情熱の大切さだけではなく、どんな戦略にもプラスとマイナスがあり、プラスを最大化する一方、マイナスを最小化する手を打つことの重要性をよくあらわしています。また、市場や環境とは必ずしも与えられるものではなく、自らの力で変えられること、そしてその変化に合わせて戦略を調整したり、修正したりすることが必要なことを改めて教えてくれます。

第6章

企業戦略

多角化の考え方

一つの事業には寿命があるものです。成熟したり、あるいは新しい技術・商品などによって代替されたりします。一方で、何度も触れているとおり、企業は成長を続けなくてはなりません。既存事業の成長が望めなくなれば、あるいはいつかは望めなくなることを見越して、新しい事業に参入することを考えなくてはなりません。これがいわゆる多角化です。

言い換えれば、企業戦略とは第5章で述べた事業について、**そもそも一つの事業で行くべきか、複数の事業を持つ（多角化する）べきかどうか、もし多角化するのであ**

れば複数の事業あるいは商品をどのように管理、調整するべきかに関わる企業の資源配分とその実行の方針です。

この企業戦略の巧拙によって、たとえばいずれもかつては名門カメラメーカーであった、キヤノン、ニコン、ミノルタが、一社は世界的な事務機メーカーに、一社はデジタルカメラと半導体製造装置メーカーに、そして一社はカメラ事業を他社に身売りするといった結果になります。多角化には、商品、サービスでの多角化と地理的な多角化、もっといえば海外市場への参入の二種類が考えられます。ここでは、商品、サービスでの多角化を考えたいと思います。

図 6-1 アンゾフの多角化マトリックス

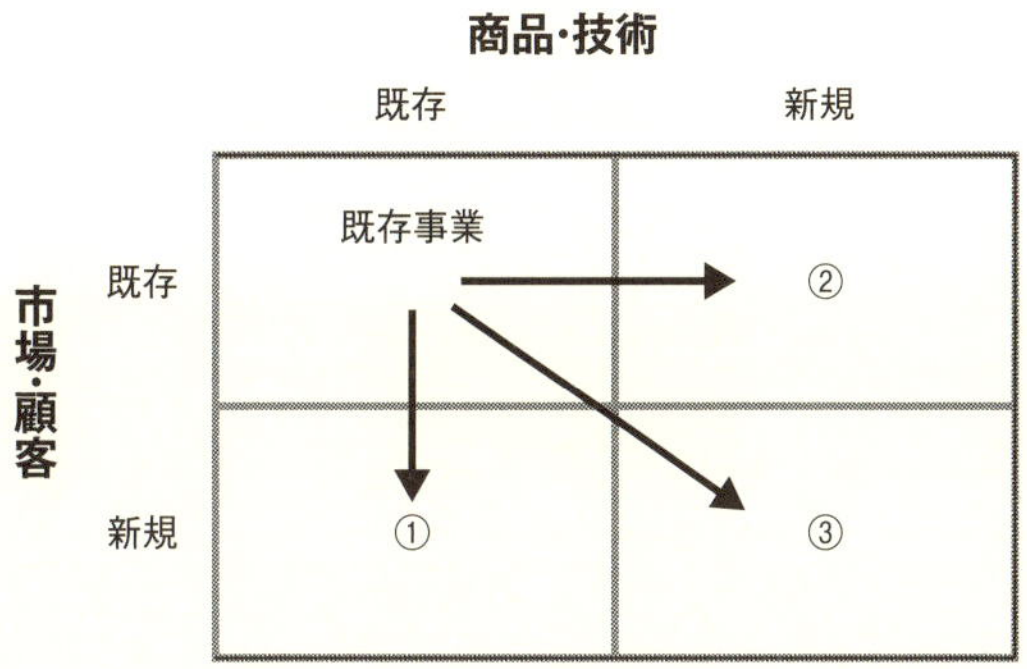

企業の成長を考えた場合、前述のとおり既存事業が成熟化したからという消極的な動機での多角化はもちろんありますが、既存事業で蓄積された資源やノウハウを活用してさらに事業の幅を広げるといった、積極的な意味での多角化もあります。

消極的にしろ、積極的にしろ、一般に多角化といえば「アンゾフのマトリックス」と言われる、図6-1のフレームワークで説明されることが多いと思います。

まず、既存の商品、技術などを応用して新たな顧客層を捕らえる①のやり方があります。先述のカメラメーカーの例で言えば、光学技術を応用しての複写機事業、半導体製造装置への進出などが挙げられます。②は、既存の市場・顧客の知識、関係を生かしてより多くの商品を提供する多角化、よく顧客の囲い込み、ワンストップショッピングと言われる形で展開されます。キヤノンを含めた事務機メーカーは企業に対して、単にコピー機だけでなく、プリンター、さらにはそれにまつわるさまざまなサービスを提供しようとしています。また、コンビニエンスストアで次々と新しいサービスを受けることが可能になっているのも、同じ考えといっていいと思います。

最後に、③は商品・技術も新しく、かつ市場も新しい事業に参入する多角化で、飛び地型と言われたりします。大手の企業であれば、その名前（ブランド）が使えるという意味で、完全な飛び地型は少ないのでしょうが、キヤノンのパソコン事業（その後撤退)、あるいは少し前にユニクロが始めて撤退した野菜販売などはこれに入るでしょう。

一九七〇年代は、特にアメリカを中心にしてさまざまな事業を傘下に持つコングロマリット型経営が盛んでした。複数の異なった事業を持てば、一つの事業が傾いても他でカバーできますし、優秀なトップが全部を見るわけですから、リスクが小さいと見られたのです。ユニクロの柳井正社長がバイブルとして読んだという『プロフェッショナルマネジャー』(プレジデント社)の著者、ハロルド・ジェニーンも一五年連続で一〇パーセント以上成長を達成した伝説的なコングロマリットITTの社長でした。日本でもカネボウのペンタゴン経営、旭化成のダボハゼ経営などはよく知られるところです。

したがって、一時は多角化と言われれば、まず市場の成長率とマーケットシェアで各事業をポジショニングし、複数事業間の資源配分をまとめたBCGマトリックス(金のなる木、スター、問題児、負け犬)、あるいはマッキンゼーのPPM(ポートフォリオ・マネジメント)だったのですが、コングロマリットが流行らなくなったこと と、やはり多角化といっても資源配分だけではないということがはっきりしたせいか、BCGマトリックスもPPMもアメリカの大学の教科書には載っていないことが多いようです。

多角化とシナジー（相乗）効果

生かされていないシナジー効果

飛び地型に比べ、関連している事業のほうが多角化の成功割合は高いといわれます。ここでのキーワードは、シナジー（相乗）効果、つまり既存事業の資産（顧客も含め）やノウハウをうまく活用することで、効率的にリターンを得られることです。一つの資産を別々のことに使うことで生まれる効率性は、「範囲の経済」などといって結構もてはやされます。要するに「一石二鳥」です。

コンビニで、いろいろなサービスを提供するのはこの典型的な例でしょう。ところが、コンビニはともかく、往々にしてそうしたシナジー重視の新規事業は成功しません。たとえば、ユニクロの例で考えれば、子供向けカジュアル（ファミクロ）、スポーツカジュアル（スポクロ）はなぜうまくいかなかったのでしょうか。あれだけ本業が好調なトヨタでも、生産技術の応用が利き、ブランド力やディーラー網との相乗効果で成功するはずだった住宅事業は、まったく鳴かず飛ばずですし、鳴り物入りの金融事業も大きな成果が上がったとは聞いていません。

ダイエーも、そのブランドと小売業を通じての「消費者ニーズをつかむノウハウ」を生かして（そのつもりで）随分いろいろな事業に手を出しましたが、結果がどうなっているかはご存知のとおりです。ダンキンドーナツを手がけた吉野家もうまくいきませんでした。ちなみに吉野家ディー・アンド・シーのディー・アンド・シーは、その名残です。

先述のアメリカの航空業界などはもっと顕著です。サウスウエストがディスカウントで競争を挑んできたとき、大手も子会社を作ってローコストで対抗しようとしたのですが、ことごとく失敗に終わりました。何十年も航空業界の経験があり、飛行機もパイロットも十分そろい、空港の権利も、ブランドも、すべてがサウスウエストより上だったにもかかわらずです。

また、顧客囲い込みも同様です。かつて「ゆりかごから墓場まで」を標榜したデパート業界や金融のワンストップショッピングをめざした銀行、カード業界などで、日本でもアメリカでも本当に成功していると言えるのは一握りではないでしょうか。電話サービスが細分化して多くの競合が存在するアメリカで、AT&Tが顧客の囲い込みにつながるワンストップ効果を狙って、市内電話と長距離電話にその他のいろいろなサービスを組み合わせるセットを発売したところ、実際に多くの顧客が選んだのは携帯電話ではなく、車のオイル交換の割引だったという笑えない話もあります（ウォール・ストリート・ジャーナル二〇〇〇年一〇月二四日付）。

経営学に基づいて多角化しているのに、どうなっているんだ？　やはり、経営学なんて、戦略なんて何の役にも立たないとなると個人的にも困りますので、その要因を少し考えてみます。

多角化が失敗する理由

まず、よく言われるのは「**種をまいたが、水をやらない**」ことです。新規事業は、これまでやったことがないから新規事業なわけですから、初めからうまくいくはずがありません。試行錯誤の中で、成功のビジネスモデルを組み立てていく苦しいプロセスが待っています。「そんなに苦しいのなら、成功しているところを買ってしまえ」という考え方もあるわけですが、M&Aについては後でもう少し詳しく触れます。

会社の中でもエース級の人材を当て、資金的にも我慢強く見守る必要があるのですが、往々にして「本業で使えない」と評価された人材の姥捨て山だったり、「儲からない事業に投資するのなら、本業でもっと使いたいところがいっぱいある」などと先行投資がケチられたりします。本業が成功していればしているほど、次の成長を担う第二の柱を育てなくてはいけないのですが、成功しているほど新規事業の社内での位置づけは低くなることが多く、せっかく芽が出ても枯れてしまうことがしばしばです。

また、「既存資源を活用する」というのは、いかにも簡単そうに聞こえますが、そうではありません。資源の活用を移転（transfer）と共有（share）とに分けて考えるとよりはっきりします。資源の移転（transfer）とは、一般に無形資源に関して言えることで、ある商品、事業で培ったブランド、知識、取引先との信頼、あるいは高いクレジットレーティングを、新規事業に役立てることです。グリコやカルビーが人気の出たお菓子のブランド力を新製品に移転して、何種類ものポッキーやかっぱえびせを発表するのはこの例ですし、ＧＥがコングロマリットとして成功し続けるのは、その高いレーティングに基づく格安の資金を調達する力を複数事業で活用しているからだと言われます。

一方で共有（share）とは、有形資源に関して当てはまり、いわゆる範囲の経済のベースをなします。たとえば既にチャネルがあるので、商品Ａだけでなく商品Ｂも売ろうとか、どうせ営業マンはコピーの営業に行くのだから、プリンターも一緒に売らせよう……といったことです。一般に移転は共有に比べればはるかに簡単です。ブランドや知識といったものは、空気と同じように使っても減らないからです。

一方で、共有すると言えば簡単なのですが、商品間、部門間で有形資源、たとえば営業マンの時間を分け合うのは、二人の営業マンを雇うよりは効率的かもしれませんが、これまで一〇〇パーセント、コピーに使っていた時間（営業ばかりでなく、知識を仕入れたりすることも含めて）をプリンターに幾分か割くわけですから、じつは細かい調整が必要ですし、営業マンは「どちらに時間を使えばより評価されるか」を考えるため利害対立が生まれたりしかねません。また、移転についても、いいことずくめであるわけはなく（どんな施策にもプラス、マイナスはあります）、たとえばブランドが新規事業のイメージにマッチしないこともありますし（トヨタは若者向けSiConシリーズからトヨタの名前を外しています）、逆にうまくいかない新規事業のせいで、そのブランドのイメージが落ちることだってあります。

多角化の勘違い

多角化成功のカギ

こうした点と関連して、ロンドン・ビジネススクールのコスタス教授のハーバード・ビジネスレビューの論文「To diversify or not diversify」（一九九七年）は、いくつも重要なポイントを指摘してくれます。

まず、既存事業の資産、ノウハウは、あるかないかではなく、競争相手に比べて強いか強くないかで評価されなくてはなりません。しかし、往々にして企業は「何が強いか」よりも「何をやっているか」のほうに視点がいきがちで、「当社はエンターテインメントビジネスである」といった漠然とした領域設定をして手を広げてしまいがちだ、と教授は指摘します。

さらに、新規事業の競争に勝つためには、そのために必要なすべての条件をそろえなければなりません。ところが、往々にしていくつかを満たしただけで、必ず成功するつもりになってしまう企業が多いと警鐘を鳴らします。野球でいいバッターがそろっていても投手力や守備が弱ければ勝てないように、技術が転用できても、チャネルが弱かったり、ブランド力はあっても商品力が弱ければやはり勝てないのです。

さらに言えば、こちらは新規事業の一つかもしれませんが、迎え撃つ競争相手にとっては生死のかかる本業です。すべての条件をそろえて、しかもそうした競合と同等以上の実行があってはじめて成功に結びつくのです。多角化、特に大手企業のそれを見る場合、いかにも「(人も含めた)遊休資産」の活用ではないかというケースが多いように思われます。しかし、そうした「ほっておいても無駄だから、少しでも貢献してくれれば」というスケベ心での新規事業参入では、真剣勝負の競合に勝てるわけはありません。空き地を駐車場にするのとはわけが違います。

シナジーへの現実的な対応

無理なシナジー効果を狙うと、かえってマイナスになります。先ほど資源の「共有」は往々にして部門間、事業間の利害対立を招きやすいと述べましたが、無理な共有は弱い事業を助けるために強い事業に犠牲を強いることになりやすいのです。二〇〇〇年に世界中を騒がせたタイムワーナー（ＴＷ）とＡＯＬの合併はいい例です。

この合併によりＴＷの持つ雑誌部門とＡＯＬのインターネットの両方で広告顧客の

ワンストップショッピング、ひいては囲い込みを狙いました。しかし、現実的な結果は「両方使ってくれたら安くする」的なディスカウントであったと言われています。最近では「もうシナジーはこりごりだ」とトップ層が発言してはばかりません（ウォール・ストリート・ジャーナル二〇〇六年六月二日付）。世界中を震撼させたTWとAOLの合併は「インターネット時代の新しい幕開け」といわれ、「この会社に勝つためには、マイクロソフトがディズニーと合併するしかない」なんて記事もあったわけですが、シナジー実現の難しさをまざまざと見せつけられた事例です。

シナジー効果を発揮することが難しいなら、最初からほとんど期待しないで事業に取り組むという考え方もあります。特に、知識の共有化や資源の効率活用は、部門が異なると同じ会社といえどもさまざまな利害関係、政治力が働くものです。その意味で、シナジーが結果として効けばいいのですが、シナジーを期待して事業計画を立てると、いかにも最初から成功間違いなしの新規事業計画が生まれたり、もし買収などをする場合はとんでもない高い金額を正当化することになりかねません。

シナジーを前面に押し出して総合化、ワンストップショッピングを標榜する（そして失敗する）より、むしろ、活用するのは、資金力（クレジットレーティング）ぐらいで、それぞれの事業は専門特化し、一つ一つが強い事業をめざしていくという考え方もあって当然です。それで成功しているのが、いまやＧＥの利益の過半を上げているといわれるＧＥキャピタルです（安田隆二「ＧＥキャピタルのポートフォリオ・マネジメント」）。

戦略でも施策でも一〇〇パーセント成功ということはありません。特に新規事業は、これまでやったことがないから新規であり、どんなに準備したり戦略を練ってもつまずいたりすることは避けられませんし、大失敗に終わるかもしれません。**多角化、新規事業を考える際には「なんとしても成功させる意気込み」は必要ですが、「成功することを前提」にしてはいけないのではないかと思います。**

多くの企業では、どうも逆ではないかと思われるケースを見ます。そうしたつまずきや失敗を次に生かすためには、逆にいろいろな問題が発生することを前提にして地道に修正をする覚悟を持った人材を配置して取り組むこと、そして失敗・撤退することをある程度踏まえた方向性を定めておくことが必要だと思いますし、その人の配置、方向性こそが企業戦略の中核ではないでしょうか。

既存技術の深化と新技術の導入を軸に据えた多角化を推進するキヤノンでは、失敗しても「技術の蓄積は残り、別の開発に生かされている」と御手洗冨士夫会長は述べています（日本経済新聞二〇〇二年二月二八日付）。

ミニケース

ゲートウェイ

日本にも一時期進出していたゲートウェイはデルと同じような直販モデルで急成長したパソコンメーカーでした。しかし、一方は株価二ドル程度で他社に吸収されるという噂も絶えず、他方は最近調子は落としたものの世界を争うメーカーです。何が明暗を分けたのでしょうか？

一九八五年にテッド・ウェイトが創業したゲートウェイは細やかな顧客サービスをベースにした直販モデルで急成長を遂げました。会社が大きくなるにつれ、ウォールストリートのアナリストからは「プロの経営者を雇うべきだ」という声も大きくなり、一九九八年にAT&T出身のジェフ・ウェイゼンを社長含みで迎え入れ、さらにウェイゼンは自分の側近をAT&Tなど大手企業経験者で固め、「大企業としての規律、システム」を注入（たとえば、一顧客からの電話は一三分以内とするなど）すると同時に、優秀な人材を採用するためという理由で本社をサウスダコタの片田舎からサンディエゴへ移しました。

一方で、インターネットバブルがピークに達した一九九九～二〇〇〇年、業界でささやかれていたのは「すべてはサーバーに入れればいいから、パソコンはただの箱でよい」といった声が上がるほどのパソコンの市場の成熟でした。市場の成長が止まれば、次は価格競争の激化、マージンの減少であり、コンパックの当時の社長カペラスは「当社の本業はパソコン事業でなく、インターネット事業だ」と公言していましたし、ゲートウェイのウェイゼンも「五年後にパソコンを作っていないかもしれない」などと言っていました。

ウェイゼンはマージン率の高いインターネット、ワイヤレス、あるいはソフトのトレーニングなどのパソコンの付属サービスに重点をおき、社員の業績評価もそれに合わせて変更しました（IBMがサービスに比重を移して成功したことは有名です）。デルとの差別化、「暗黒大陸」といわれていた中小企業への食い込みを図ると同時に、実際にそうしたサービスを体験してもらうために全国に「ゲートウェイストア」と呼ばれる直営店を三〇〇近く出しました。

結果から言えば、サービス化戦略（Beyond the box strategy）は大失敗に終わりました。サービス化を推進するための投資は、会社全体のコストを押し上げ（販売管理比率二〇パーセント、一年で約四割上がり、デルの約二倍）、また付加サービスに重点をおき「効率的な販売」をめざした結果、一時は業界トップであった顧客満足度も平均以下の水準まで下がり、五〇パーセントあった紹介比率は三〇パーセントにまで落ち込みました。一方でパソコンに注力し続けたデルは成長と規模の効果の相互作用により成長し続けたのです。

二〇〇一年になってテッド・ウェイトはジェフ・ウェイゼンを更迭し、社長の座に返り咲きました。「基本に戻る」ということでパソコンへの注力、直販店の縮小、日本を含めた海外事業からの撤退など矢継ぎ早のリストラを実施しましたが、業績は元に戻りません。ブランドのダメージとデルにつけられた規模によるコストのハンディは、想像以上に大きかったのです。

次に行ったのは、パソコンを中心としながらも大型テレビやデジカメといった高マージンの高級家電商品を販売することでした。さらに二〇〇四年には、当時超低価格で成長中だったイーマシーンズを買収し、規模の拡大を図ると同時にイーマシーンズのもつ小売チャネルを使った売り上げの拡大を狙いました（日本にも再参入しました）。

その半年後、イーマシーンズの社長からゲートウェイの社長になったウェイン・イノウエは当時、全社売り上げの四分の一あった家電製品から撤退し、パソコンに集中して数年以内にヒューレット・パッカードを抜き小売シェア五〇パーセント、消費者向けパソコンでナンバーワンの会社になることを宣言しました。しかし、それから一年半後の二〇〇六年二月、イノウエは業績が上がらず辞任に追い込まれます。その後、現在に至るまで、トンネルの向こうに明かりは見えていません。

ゲートウェイの多角化、そしてその後の建て直しの過程には「迷走」という言葉がぴったりです。そして、いくつもの大切な示唆を与えてくれます。

市場の成熟化をどう捉えるか

まず重要なのは、市場の成熟化をどう捉えるかという点でしょう。市場が成熟すれば価格競争になりますから、もっと「魅力的」「利益率の高い」新事業に気持ちをそそられるのは当然です。ただ、一方で、成熟しているのは、市場なのか経営者の頭の中なのかをもう一度問うてもいいでしょう。

テレビにしても先述のスターバックスにしても、成熟したといわれながら市場・顧客ニーズの進化や新技術の導入によって再成長のステージに入った市場もありますし、また自動車業界のように市場が成長していないからといってどの会社も成長していないということにはなりません。特に、市場とは所与のものでなく、企業の戦略、提供する商品やサービスによって進化するものであることを忘れてはなりません。

ゲートウェイの多角化は、既存顧客との関係や会社の資源が生かせるという意味で筋は通っていたと思います。ＩＢＭのように、ハードウェアからサービスにシフトすることで大成功を収めた会社もあります。しかし、このハードとサービスのバランスが難しいのです。ゲートウェイの失敗は、サービスの提供のためには他社のハードも売るＩＢＭのビジネスと異なり、パソコンあってのサービスにもかかわらず、パソコン事業そのもので手抜きをしてしまったことではないでしょうか。

その結果、コストは上がり一番の強みであった顧客への対応力も低下し、顧客満足度も紹介率もそしておそらくリピート率も大きく下がる結果になったのだと思います。同じ顧客にいろいろな商品を買っていただく「範囲の経済」を現実に実行することの難しさをよくあらわしていると思います。近年、デルがプリンターや大型テレビなどの販売を行っていますが、苦戦していることも付記したいと思います。また、日本の企業でもハードからサービスを標榜しながら、なかなか進んでいないというケースがいくつも見受けられます。

ウェイゼンがのびのびとしたゲートウェイをAT&T化してしまったことが一番の問題のように見えるのですが、実際は戦略とその実行の問題がより本質的であるように思います。ゲートウェイの強みは、簡素な本社構造と意欲の高い社員による高い生産性を背景としたローコスト体質と質の高いサービスであったにもかかわらず、直営店を展開したばかりか、効率化のためと称した様々なルールを導入したことで社員の意欲をそぐ結果になり、結果として大幅にコスト増になりました。

強みの認識を突き詰める難しさ

サービス力を生かしてさらなる差別化を図るのではなく、一石二鳥、三鳥を狙った結果、顧客を満足させるためのサービスが顧客に売りつけるサービスに変容し、顧客満足度、紹介率を大きく落とす結果になったのです。**強みの認識が浅かったわけです。**CEOに返り咲いたウェイトはウェイゼンのやり方が合わずに辞めた幹部社員を再度招き入れたり、さまざまな規則を元に戻したりしました。しかし、一年後にはデルが使ったのと同じコンサルティング会社を雇い、規律、管理を厳しくする方針に逆戻りしています。**いったんなくしてしまった強みを取り戻すことは大変なことです。**

こうした迷走は、ゲートウェイだけではありません。つい最近マイケル・デルが盟友といわれたベイン出身のケビン・ロリンズを更迭し、CEOに戻りました。今は飛ぶ鳥を落とす勢いのアップルも、一九九〇年代にはCEOが四回替わり、そのたびに戦略も変わり、次の回また見てくれるようにいつも劇的な終わり方をする「昼メロのようだ」なんて言われていました。

こうした事例は市場の成熟をどう捉え、どう対処するのか、そして**本当に市場が成熟したとき新規事業に使える自社の強みとは何かを突き詰めることの重要性と難しさ**を教えてくれるのではないでしょうか。外部の環境が変化する中では、目が外ばかりにいって、自分のことを十分に見つめ直し、評価し直すことがおろそかになってしまうのです。こうした優良企業、優れた経営者にあってさえ「気をつけろ」と言われてもなかなか難しいことかもしれません。マクドナルドや早稲田大学ラグビー部でもそうでした。だからこそ、どんなに一流になっても基本を忘れないこと、鏡の前での素振りを日課とすることが重要なのでしょう。

第7章

M&A、企業間提携と国際化

M&Aや企業間提携、国際化は今日避けられない経営課題になっています。もちろん、最終的な目的は「顧客の獲得」であり「差別化」であって、M&Aや国際化自体は目的ではありませんし、このほかにも重要な経営課題はいろいろありますが、この見逃せない二つの関連するテーマをこの章では順番に取り上げます。

M&Aと企業間提携

事業統合、企業買収は日本でも随分盛んになってきました。楽天のTBS、ライブドアのフジテレビとの統合提案などという話は、少し前だったら考えられなかったでしょうし、王子製紙が北越製紙に対して仕掛けた買収は、アドバイザーとなる証券業界をも巻き込んで大騒ぎでした。東芝のウェスティングハウス、JTの度重なる買収など日本企業による海外企業の買収、リップルウッドなどのファンドによる日本企業の買収もよく耳にするようになりました。産業再生機構も同様な存在でしたが、二〇〇七年三月をもって解散しました。

世界的にみれば、二〇〇六年のM＆Aの総額は、約三兆八〇〇〇億ドルで、ネットバブル時の二〇〇〇年（有名なタイムワーナーとAOLの合併の年）に記録した三兆四〇〇〇億ドルを大きく上回り、一〇年前の二倍以上、さらには一九八〇年代の一〇年間の二〇倍を超えます（ウォール・ストリート・ジャーナル二〇〇七年一月二日付）。日本企業のM＆Aの総額は一五兆円だとすると（日本経済新聞二〇〇六年一二月二九日付）、一ドル一一五円換算で世界の約三・五パーセント弱を占めます。この比率がどうなるかわかりませんが、おそらく日本においてもM＆Aが増加することは間違いないでしょう。

M＆Aのメリットとリスク

そもそも、なぜM＆Aをするのでしょうか。ここではファンドなどが立て直して売ることを前提にした不振企業の買収や、少し前の吉野家による京樽の救済合併を除いて、もう少し「戦略的」な目的を考えてみます。「どんな戦略、施策にも必ずプラスマイナスがある」という精神に基づいて、M&Aのメリットとリスクを下記にまとめてみました（ヒット他著『経営戦略』参照）。

M&Aの目的にはいろいろありますが、一言で言えば、**規模、資源、スピードを買うこと**でしょう。最近の製薬会社のように、同業他社を買収あるいは合併し、規模を拡大することでコスト競争力を持つことができますし、またリスクの高い新薬開発のための投資余力も生まれます（規模の経済）。規模の拡大＝成長ですから、投資家の期待にこたえることができます（ウォールストリートのアナリストは、市場が成熟化してきたと見ると次の手は買収しかないようなことをよく言っています）。

表 7-1 M&Aのメリット、M&Aのリスク

M&Aのメリット（目的）	M&Aのリスク
●規模の拡大 ●シナジー効果による競争力の強化 ●時間の短縮（成長、新規事業への参入） ●新商品・新事業開発のリスクの低減 ●多角化によるリスク分散 ●対象企業のブランド、技術やノウハウの吸収	●買収企業の統合の難しさ（期待されたシナジー効果の未発生、企業文化の対立） ●買収企業の評価の難しさ（ノウハウ、支払い金額） ●買収そのものの目的化（例：支払いすぎ） ●買収先の人材の流出

また、資源、特にブランドやノウハウといった無形資源はそれだけを手に入れようとしても簡単にはいきませんし、また自ら開発するには時間もかかり、必ずしもうまくいくとは限りません。買ったほうがよいという考えが出てきて当然でしょう。それと関連して、スピードも重要です。特に、市場が急成長しており、自社で一から始めていたら一番手どころか三番手、四番手になってしまって市場へ食い込めなくなってしまうような場合（スイッチングコスト）、既に何らかの足がかりのある企業を買収して時間を節約することができます。

一方で、既にあるものを買うわけですから、M＆Aにはリスクも伴います。よく言われるのは、買収先の強みと自社の強みがうまく補完できるからということで買収したのに、実際はなかなか知識やノウハウの移転、共有化が進まず、むしろそのドタバタに乗じて競合にシェアをとられるといったケースです。アメリカでは、銀行そのものは合併したものの、情報システムの統合に時間がかかり、シェアを失ったケースがいくつもあります（日本でもありましたね）。

似たような商品、サービスを提供していても、文化、場合によっては「言葉」までがまったく違うケースもあり、本来は統合して競争力を高めることが狙いであるにもかかわらず、統合することでエネルギーを使い切ってしまうようなこともあります。

さらに、嫌気のさした買収先の人材がノウハウや顧客を連れてやめてしまえば、建物や商品は残ったものの、肝心の「資源」は空っぽになってしまいます。

また、意外にデューディリジェンス（買収先の資産価値の精査）がいい加減なことも多く、とくに他にも買収に名乗りを上げている企業がいる場合などではとんでもなく高い金額を支払ったりします（買収が目的化するというのはこのことです）。買収金額の高額化には、売り方だけでなく、買い方にもアドバイスするインベストメントバンクの手数料が買収金額に比例した歩合となることが背景にあるとも言われます。

M＆Aを考える出発点

M＆Aで成功を収めるためには、当然ですが、まず対象企業を買収しなくてはなりません。これ自体はそんなに難しいことではないのですが、買収するには、他の買い手よりも高い値段を提示しなくてはならないことを意味します（当たり前ですね）。

しかし、その差額はどこから来るのでしょうか？　好き嫌いとか、余裕資金とかの問題ではなく、その企業を当社が買収した場合、他社が買収したのでは実現できない何らかの固有の価値がなければ、その差額を正当化できないことをもう一度確認しなくてはなりません。

これは、**プライベートシナジー**などと呼ばれますが、その意味で、M＆Aとは漠然としたものであってはならず、目的、効果、そしてリスクを突き詰めて考えるべき課題です。いくら魅力的な対象であっても、売値が上がってしまい、それがプライベートシナジーを超えるのであればあきらめなくてはなりません。競争相手とのビッド競争になると、往々にして買収に勝つことが目的になり、「これくらいは何とかなるだろう」という甘い見込みでスプレッドシートのモデルの前提を〇・一パーセントずつ変えたりして、いつの間にかとんでもない値段になっていることがあります。

日本ではこれからかもしれませんが、アメリカでは勝ったはいいが、払いすぎたうえにシナジーもうまくいかず泣く泣く叩き売ったノベルのワードパーフェクト買収の場合には、一九九四年に一四億ドルで買収したものを二年後に約一億二〇〇〇万ドルで売却しています。また、イーライリリーのPCSヘルスシステム買収の場合は、一九九四年に四〇億ドルで買収したものを四年後に一五億ドルで売却しています。

他社の失敗から学べという教えは、章末のミニケースにあるダイムラーの例も含めてM&Aについては簡単ではないようです。M&Aはよく結婚にたとえられますが、そのせいかもしれません。逆に言えば、プライベートシナジーを生み出せる相手を、普段から虎視眈々と探し、狙いをつけて、熱くなる前に適正な価格を決めておくことも大切だということでしょう。

四つの戦略オプション

ここまでM&Aについて説明してきましたが、資源、スピードを買う戦略は他にもあります。他社と提携することです。新規事業に進出するとき、あるいは海外に進出するとき、M&Aでいくか、提携でいくか、提携の中でも共同出資による新会社＝ジョイントベンチャーを作るか、単にノウハウの交換だけを行うか、それとも自前でいくかなどいくつもの方針がありますが、十分な検討が必要です。

さらに、「M&Aでいく」と決めたからといって、必ずしも資源面、文化面、そして価格面でふさわしい相手がいるかどうかはわかりません。第2章で考えたように、戦略を実行する段階で得られた情報を元に、更新・修正を行うことが必要なのは、M&A、企業提携でも同じです。「やると決めたから」ということでは、本末転倒になってしまいます。

M&A、ジョイントベンチャー（JV）、（ライセンスなどの）契約上の提携、自前の特徴を整理すれば次のようになるでしょう。

スピードという面では提携が一番早いでしょう。JVやM&Aも自前に比べれば早いのですが、条件面（特に買収価格）の交渉に時間がかかる可能性があります。リスク／リターンで言えば提携はローリスクですが、得られるリターンはせいぜいライセンス料程度ということで限られますし、JVはリスクもリターンも折半（出資比率による）です。M＆Aは買収するわけですから、ハイリスク・ハイリターンと考えていいでしょう。自前の場合、いきなりドンとやればハイリスク・ハイリターンですが、徐々に拡大を進めることでローリスク・ローリターン方式の進出も可能です。その場合、当然時間はかかります。

最後に、注意すべきなのは、こうしたプロジェクトに対してどの程度コントロールが効くかという点です。特に、海外進出などでは、あまり知らない会社とパートナーを組むこともあると思いますが、たとえば進出先の営業を任せても本当にどこまで真剣

表 7-2 四つの戦略オプションの比較

	M&A	JV	契約上の提携	自前
スピード	中	中～大	大	小
リターン	大	中	小	小～大
リスク	大	中	小	小～大
コントロール	中～大	中	小	大

に取り組むかはやってみなければわからないところがあります。場合によっては、契約にないようなことをやってブランドを汚すようなこともあるかもしれません。

一方で、自前でやればその心配はありませんが、ノウハウも知識もなければ、時間は随分かかるでしょう。M&Aはコントロールとノウハウの獲得という面での問題を解決するにはいい方法ですが、先述のとおり、既にある会社を統合することにはそれなりの課題が伴うものです。こうした中で、自社のブランドを守りながら一方で国際展開にあたって市場の知識も欲しかったスターバックスにとっては、日本進出の際、JVを選択したのは当然のことだったといえるでしょう。

また、ベンツやフォルクスワーゲンが、最初はヤナセと組み、ヤナセの努力によってブランドが浸透し、一方で日本市場の特徴もだんだんわかってくると、自らの日本法人を設立しました。長期で見れば、ローリスク・ハイリターンを達成していると見ることができます（逆にヤナセは、ハイリスク・ローリターンであったかもしれません）。

国際化

今日、「国際化はするかどうかではなく、いつ、どのようにするかだ」などと言われるように、多くの企業では当たり前の課題になっています。たとえば、国内の企業同士の合併といっても実際は海外にも相当なオペレーションがあるわけで、じつはほとんどのＭ＆Ａは国際的Ｍ＆Ａの色彩を持っているといってもいいでしょう。国際化の重要性、課題は随分あちこちで語られていますし、海外市場への参入方法は上記のＭ＆Ａ、ＪＶ、提携、自前の比較がそのまま使えますので、ここでは二つの特に重要な点に絞って説明

図7-1 国際化に対する3つの戦略

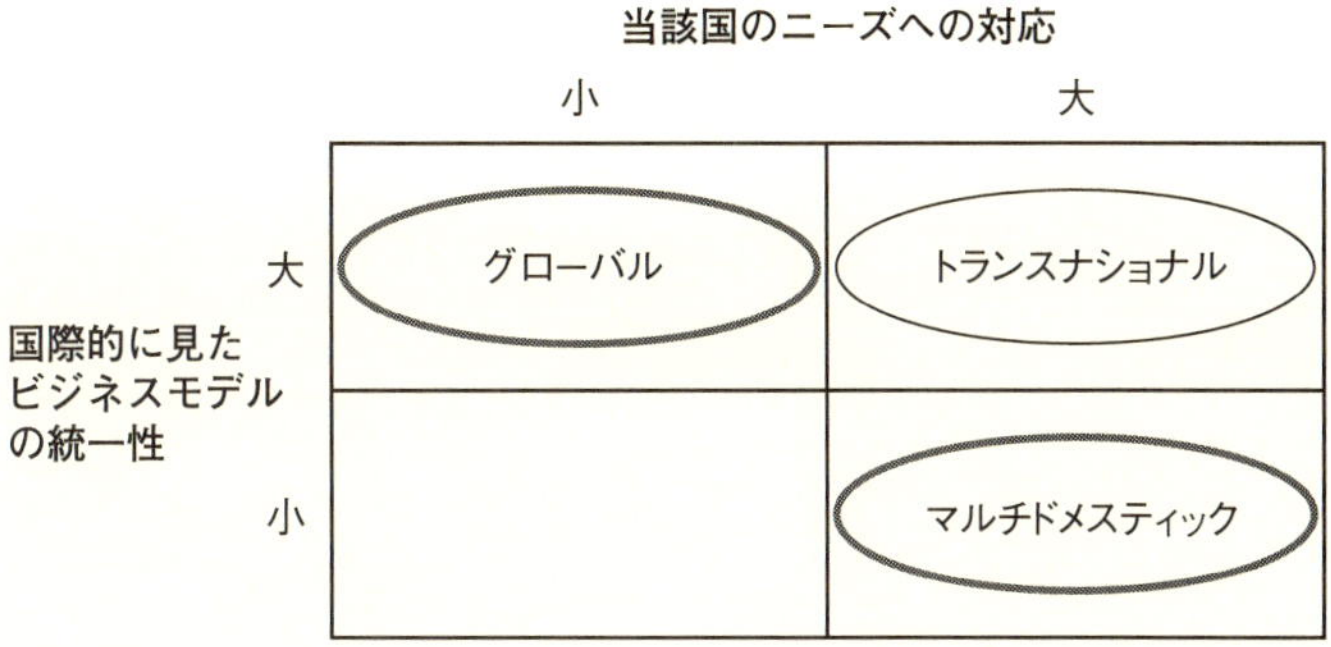

をしたいと思います。

国際化のジレンマ

一つは、国際化のジレンマについてです。一般に、海外市場へ進出するとき、国内で成功したビジネスモデルをそのまま持っていきノウハウや規模の効果を生かすか、それともその国の文化や顧客ニーズに合わせてビジネスモデルを変えるかの決断を迫られます。

経営学では、前ページに示したように前者をグローバルストラテジー、後者をマルチドメスティックストラテジーといいます。ちなみに、双方を兼ね備えた戦略をトランスナショナルストラテジーなどといいますが、簡単ではありません。実際にはこんなにきれいには分かれないのでしょうが、2×2マトリックスのどの辺りをめざすのかというふうに考えたらいいと思います。

その国特有のニーズがあれば、それに対応しなくてはなりません。アメリカで成功したから、日本で成功したから、中国でも成功するはずだと思い込むのは危険です。しかし、あまりその国に対応しすぎてしまえば、全く違ったビジネスモデルになってしまうかもしれませんし、これまでの経験や規模も全く生きず、地場の競合と何も違わないことになってしまいます。とすれば、知らない分だけ負けるのは必至です。

GMもフォードも、全世界同時モデル、ワールドカーの開発を目指し、何度かトライもしたのですが、成功することなく現在に至っています。逆に、デルが日本に参入した十数年前は、直販がまだ根付いていないとの理由で東京・秋葉原のラオックスでも売っていました。そこそこの成功を収めていたにもかかわらず、マイケル・デルはその後撤退を指示し、直販に絞っています。最近はまたいろいろな試みをしています。

中国に参入したKFC(正式にはKFCやピザハットを擁するヤム・ブランズ)とスターバックスは正反対のアプローチをとっています。KFCが中国固有のニーズを取り入れ、麺類やご飯もののファストフードを展開しているのに対し、スターバックスは自社の方式をそのまま中国でも展開し、顧客のニーズや習慣を変えようとするアプローチをとっています。

どこでバランスをめざすかは難しい問題ですが、商品・技術の多角化と同様、異なった環境で自分の強みを見失わないことが重要だろうと思います。そして、こうした戦略はいったん決めたらそれに固執するのではなく、常に進化させていくことも大切です。当初はマルチドメスティックであってもそこから得た知識を世界的に使っていくことでよりグローバル、あるいはトランスナショナルな競争力を得ることもできると思います。スターバックスは日本では最近少し苦戦しているようですが、ここで得られた食事メニューのノウハウやオペレーションは二〇〇八年から始めるといわれているアメリカでの朝食メニューに生かされるかもしれません。

サイキック・ディスタンス・パラドックス

もう一つは、**サイキック・ディスタンス・パラドックス**（心理的距離の逆説）と言われるもので、要は同じような国だから（例：同じアジアだから、同じヨーロッパだから）成功しやすいわけではないという点です。この問題は、カナダの二人の教授（O' Grady & Lane）によって発表された一九九六年の論文に詳しいのですが、距離的にも文化的にも近いはずのアメリカに進出したカナダの小売業のうち、ほんの二割しか成功していないことから名づけられました。

その問題を分析した彼らが見つけたのは「**似ているという思い込みのために、小さいが重要な違いを見逃してしまう**」ことであったのです。最初から「わかったつもり」になってしまうため、本来神が宿るべき細部を無視してしまうのです。さらに考えれば、この反対も言えるのではないでしょうか。似ていない国、たとえばアジアからアメリカ、その逆などを考えると往々にして「二つの国はどんなに違うのか」ばかりが強調されます。

　アメリカは肉ばかり食べて、車でぶつかっても訴訟社会だから決して謝らない、女性は皆金髪で背が高い……。こういったステレオタイプの「違い」は、まったくウソではないですが、比率でいえばおそらく全体の二割程度のことを誇張していっています。

　ＭＢＡ時代の友人がソニー（東京）で働いていたとき、「おまえは銃を持っているか？」とみんなに聞かれたと言って笑っていましたが、日本にサムライがいるかと聞くのと五十歩百歩のように思います。

　日本だって、アメリカだって、住んでいるのは人間です。お父さんはお父さん

図 7-2 海外市場は共通点と相違点の両方がある

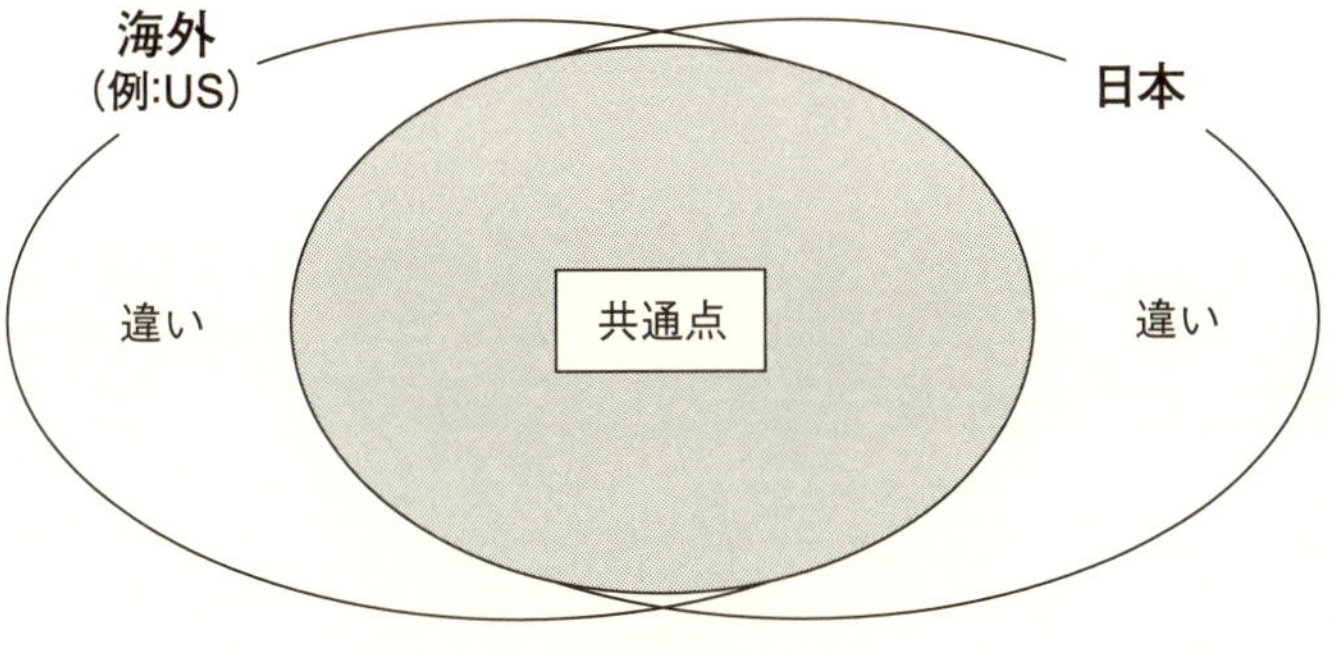

のニーズがありますし、高校生は高校生のニーズがあります。国による違いは大切ですが、その違いに目を奪われて、共通点を忘れてしまうのもおかしな話です。アメリカでも日本でも信頼は大切ですし、子供を思う親の心は同じです。

何が同じで、何が違うか、あるいは何を変えずに、何を変えるか、これは環境変化に対する企業の対応の本質的な課題ですが、国際化に対してもそのまま当てはまる質問だと思います。その意味でこれは政治でも同じでしょうが、「国内がダメだから、海外で」というめくらまし的発想や「他社が皆行くから、海外へ」という横並び的発想はたいへん危険です。最近でこそ成功例も出てきましたが、一九八〇年代から九〇年代にかけての日本企業の買収による海外進出は死屍累々という状況でした。景気が回復傾向を見せる今、なぜそんなことが起こったのかをもう一度振り返ってみてもよいかもしれません。

ミニケース
ダイムラーによるクライスラーの買収

ダイムラーがクライスラーとの対等合併を発表したのは一九九八年のことです。この合併が大きな反響を呼んだのは、国境を越えた大規模合併であるということだけでなく、技術力に優れ高級車に強いダイムラーが、大衆車やトラックに強く当時、世界で最もコスト競争力のあるといわれたクライスラーと合併することが「完璧な結婚」と考えられたことにあります。「世界でトップ5に入らなければ生き残れない」「ホンダやBMWはどうする」といった記事が新聞をにぎわせたのをご記憶の方も多いと思います。

当時のウォール・ストリート・ジャーナルは、次のように伝えています。

・シナジー効果の総額はここ三～五年のうちに三〇億ドルにのぼる（当時の両者合わせた税引前利益が約七〇億ドルですから、そのすごさがわかります）。
・すぐにでも実現できる一四億ドルのうち、三分の一は購入先の集中やロジスティックスの効率化から、三分の一はディーラーの共用などによる売り上げのアップから、そして残りの三分の一は技術・新車開発の共同化、効率化から期待できる。

・単に購買コストが二パーセント下がっただけでも一〇億ドル以上のコスト削減になるのだから、シナジー効果はこんなものではなく年間少なくとも三〇億ドル、うまくいけば年間五〇億ドル程度になってもおかしくないと指摘するアナリストもいる。

しかし、二年半後の同じくウォール・ストリート・ジャーナルは、

・期待された三〇億ドルのシナジーはほとんど実現できていない

・会社として、シナジー効果の計算もやめてしまった

と伝えています。合併当時、CEOであったユルゲン・シュレンプは、

「七〇パーセントの大型M＆Aは失敗に終わっている。しかし、われわれは残りの三〇パーセントになる（beat the statistics）」

と明言していましたが、それにもかかわらず「失敗」に終わったのです。

その後、ダイムラーのメルセデス、クライスラー両部門とも不振が続き、特に二〇〇〇年に入って以降のクライスラーは大幅な赤字続きで、クライスラー系のトップは解任され、ドイツからシュレンプ会長の片腕のディーター・ツェッチェ（Dr.Z）が送り込まれます。Dr.Zは、うまく再建を果たし、業績不振の責任をとらされたシュレンプの後を二〇〇五年に襲います。

しかし、その後クライスラーの業績は再び悪化し、Dr.Zの再建策は十分でなかったのではという疑問が上がっています。最近ではダイムラーがクライスラーを切り離すのは時間の問題だといわれ、いつ決断するのか、スピンオフをするのか、他社に売り渡すのかが大きな話題になっています。

「完璧な補完関係」という虚構

いかにアナリストがいい加減かということ以外に、このケースはM＆Aに本質的に内在している難しさを表してしているだろうと思います。ちなみに、合併当時は「対等合併」だと強調していたわけですが、実質はどう考えてもダイムラーによるクライスラーの買収でした。しかし、ダイムラー・クライスラー社は「対等合併」だとウソを言ったとして投資家に訴えられ、三〇〇億ドルを支払っています。

シナジーを求める場合、おおむね補完関係にある相手を選びます。M&Aがよく結婚にたとえられるのも、男性と女性が補完関係にあるからだろうと思います。技術力が優れ、高級車に強いダイムラーと、量産化、コスト削減に強くより大衆セグメント向けの車作りの能力を持つクライスラーは理想のコンビといってよく、自動車業界の「やすきよ」といってもよかったでしょう。日本では、大丸と松坂屋の経営統合が話題になっていますが、ここでも地域的なダブリが少なく、補完関係にあることが重視されているようです。

しかし、そうした完璧な補完関係にあるということは、逆に言えば「全然違う」ということにほかなりません。ドイツ流の職人気質で技術・品質を突き詰め、金持ちばかりを相手にしてきたダイムラーと、低所得者からトラック好きのカウボーイまでを相手にし、コスト削減に心血を注いできたクライスラーとの違いは、「やすきよ」どころの話ではなく、文化や考え方、場合によっては言葉遣いだって違っていたでしょう。

それでシナジーだ、共有化だ、三〇億ドルだといっても、土台無理な話だったのかもしれません。**違うからこそ一緒にやる意味があるのです。しかし、違うから一緒にやることが困難なのです。**実際にメルセデスとクライスラーが本格的な部品の共有化に入ったのは買収から三年後の二〇〇一年、商品化されたのはそれからさらに二年後の二〇〇三年です。

M＆Aのジレンマ

それまでは「顧客はシナジーを買うのではない。エキサイティングな車を買うのだ」という共有化拒否発言も社内では随分あったといわれています。面白いのは、共有化が始まったのは、クライスラー部門の凋落が目を覆うばかりで二〇〇一年の赤字が二〇億ドルに達したため、自らの新車開発余力もなくメルセデスにすがるほかなくなり、メルセデスもここまでひどいとほっておけなくなったからだと言われています。

しかし、最近の報道を見ると、部品や技術の共有化はそのとき限りのもので、本格的に共有化を進めてメルセデスのブランド価値を落とすリスクを負うよりは、短期的には大きな損があってもクライスラーを切り離したほうが良いという判断に動きつつあるようです。さらには、メルセデスに技術開発を任せ、関係のあった三菱にエンジンの製造を任せていたクライスラーには、いまや何も残っていないという厳しい見方もあります。（ビジネスウィーク誌二〇〇七年四月二三日号）

この例は、規模も違いも極端だとは思いますが、**違うから一緒にやりたい、しかし、違うからうまく一緒にやれないという、M&Aそして企業間提携の持つ本質的なジレンマ**はよくかみしめておく必要があると思います。

第8章

リーダーと意思決定

リーダーシップに関する書籍が、巷にあふれています。歴史上の偉人物語から成功した経営者の自伝まで「すぐれたリーダーはこうするべき」「このリーダーからここを学べ」といった類の膨大な書籍が出版されています。なぜこんなにたくさんの「リーダー本」があるのでしょうか？

決断力、先を見通す力、人をひきつける魅力、分析力……。すぐれたリーダーといえば、こんな言葉が頭に浮かびます。しかし、実際にアメリカの研究によれば、いまだに「この資質を持っていればすごいリーダーになれる」という要素は科学的に特定されていません。実際、日本ですぐれたリーダーといえば西郷隆盛や田中角栄のように「豪放磊落」が頭に浮かびますが、彼らの晩年はかなりさびしいものでした。

逆に、ディズニーを復活させたマイケル・アイズナー、ＧＡＰをへてＪＣｒｅｗを率いるミッキー・ドレクセラーのように「細かい」すぐれたリーダーもたくさんいます。長年、日本ＩＢＭを率いた椎名武雄氏は、社内でのクリップの使いすぎを気にかけていたと聞いたことがあります。故松下幸之助氏は上に立つものの最も重要な資質は熱意であり、「うちの部長は、ボンヤリした点もたくさんあるけれど、あの熱心さだけはかなわない。あれには頭が下がる。これは、われわれも大いにやらなければならない」と語っています。部下が才能を発揮するのが良いリーダーではないかと指摘されてもいます。

思うに、人間も企業も同じで、強み、弱みは必ずあるのです。あの会社がこうして成功したから、当社もやろうといっても、そう簡単に成功するわけがないのと同じように、○○さんがこうしているから、私もやったら仕事ができ、部下が心酔してくれるということにはめったになりません。

第２章で企業の３Ｃに触れましたが、リーダーも同じことなのだと思います。特に、自分の強み、弱みをよく知り、どうしたらその強みを最大限にできるかを考えることがリーダーとしての最も重要な戦略であると思いますし、人を使ったり、部下にリーダーの役割を果たしてほしいと思うのであれば、外部環境とその個人の持つ強み、弱みをマッチさせなくてはなりません。適材適所といいながら、「あいつなら何とかやるだろう」と簡単に考えているとすれば、仮にうまくいったとしても本来はもっといい仕事ができる部下の才能と時間を浪費しているのかもしれません。

過去の偉大なリーダーの本を読んで感動する前に、新渡戸稲造ではないですが、「自分をもっと深く掘る」ことが重要ではないでしょうか。もしかしたら、そういうことが忘れられているために、あの五〇〇〇円札はなくなってしまったのかもしれません。こんなことを考えていると、いつも思い出すのは夏目漱石『夢十夜』の運慶ですが、ここでは深入りしないことにします。

さて、こうして考えてみると「リーダーとはこうあるべきだ」なんて、一言で言うのは大変おこがましいことです。したがって、ここではリーダー、あるいはリーダーをめざす人々が考えるべき勇気、意思決定、意思変更の三点に絞って考えてみたいと思います。特に、最後の意思変更については、私にとって博士論文からの一〇年来のテーマで、いまだに研究中です。

勇気

経営者を含めたリーダーの最も大切な仕事は、難しい意思決定をすることだと思います。優柔不断で意思決定を先延ばしにする人は、責任を逃れていると見られても仕方がありませんし、部下から見れば、次に何をしていいのか分からないのでやりにくくて仕方がないということになるでしょう。逆に、テレビやドラマに出てくるすぐれたリーダーは、難しい局面でも腹をくくって決断します。ハラハラドキドキですが、最後にはうまくいってほっとするわけです。

こうした難しい決断のできるリーダーを勇気がある、果断だなどと言いますが、勇気があることと臆病であることは必ずしも反対ではありません。臆病である場合、難しい場面に遭遇していろいろなことを考えます。ああなったらどうしよう、こうなったらどうしよう。こうして思い悩むことが優柔不断につながる場合も多いのですが、逆にこうしたいろいろな可能性を考えずに果断に決断するとしたらどうでしょうか。そうした勇気とは、市街地を一五〇キロで飛ばすような蛮勇ではないでしょうか。

豊臣秀吉が一見能天気に見えながら、実際は非常にきめこまやかでさまざまな可能性を考えていたことはよく知られています。ノミの心臓といわれた巨人のエース斎藤雅樹投手を変えたのは、当時の藤田元司監督の次の言葉だったといわれています（ほぼ日刊イトイ新聞二〇〇二年一一月一日号）。

おまえなぁ、ノミの心臓だ何だと言われているけど、ピッチャーには、それが一番必要なんだ。繊細で用心深くやっていくのがピッチャーなんだよ。ノミの心臓でなきゃ、ピッチャーなんかつとまるか。

怖がりながら、用心しながら、そのうえで、内角を攻めていくのがピッチャーだ。ノミの心がない人はピッチャーに値しない。

昔から「社長と副社長の差は、副社長と運転手の差よりも大きい」なんて言われます。最後の決断をするリーダーは、毎日悩むことばかりなのだろうと思います。実際、コンサルタント時代にお目にかかったある企業の社長は「社長になってから神棚を拝むようになった」と言っておられました。しかし、藤田元監督の指摘するように「ノミの心がない人はリーダーに値しない」のではないかと思えてなりません。難しい決断をいとも簡単にやってのけるように見えるリーダーの多くは、眠れない夜を過ごした挙句にそうしたのではないでしょうか。勇気とは、失敗を恐れないことではなく、失敗を恐れながらも挑戦する気持ちだと思います。

意思決定

私がアメリカに再び渡って博士課程で本格的に経営学の勉強をし直したとき、一番驚いたのは、アメリカでは意思決定に関する研究が心理学から経営学まで極めて広く進んでいることでした。二〇〇二年にノーベル経済学賞を受賞したダニエル・カーネマン・プリンストン大学教授は、じつは意思決定とバイアスの第一人者です。私が不勉強だったということもあるのでしょうが、個人的には意思決定について本格的に書かれた書籍は『すぐれた意思決定』（印南一路著、中央公論社）をはじめ、ほんの少ししか知らなかったのです。

それはともかく、リーダーにとって意思決定が重要であることは論をまちません。「正しい意思決定」というと、だいたい「情報をもれなく集め、分析し、考えられる代替案の良い点、悪い点を比べ、ベストの案を選ぶ」ように書かれ、実際そうできればいいのですが、なかなかそうはいきません。理由はいくつもあるのですが、一つは必要なデータをすべて集め、未来を予測することはそもそも不可能であるということです。意思決定は、常に不確定な中でされなくてはなりません。

また、それと関連し、多くの場合締め切りがあります。ある企業が提携先を探している、というような情報が入った場合、競合他社との競争です。「完璧な情報収集、分析」などをめざしていれば間違いなく他社にとられます。そして、もう一つは分析と決定は決定的に違うということです。コップの水を「半分しかない」と見るか「半分もある」と見るかと同じように、同じデータでも見方、考え方でその意味することはまったく変わってきます。ここでは、そうした解釈、見方に関する点、特に落とし穴についてもう少し述べます。

意思決定の書籍、論文で多く指摘されるのは、人間とはいかに偏見、バイアスが多い生き物であるかということです。主なものを挙げただけでも、表8−1のようなバイアスがあります（Max Bazerman『Judgment in Managerial Decision Making』参照）。人間は自分の過去の経験や知識をベースに将来のことを判断するわけですから、

表 8-1 意思決定によくみられるバイアス

身近なデータから判断しようとすることによって生じるバイアス		
	1.思い出しやすさのバイアス	最近起こったことや、より記憶に残っていることが意思決定を左右しやすい
	2.記憶の仕方によるバイアス	記憶の仕方にある一定のパターンがあると、未知、違うことに対してもそのパターンを適用しやすい(例:あのあたりにはお金持ちばかり住んでいる)
	3.関係の思い込み	2つのことが何回か同時に起きると、(偶然であっても)2つには関係があると思い込みやすい
「代表例」に左右されることによって生じるバイアス		
	4.確率の無視	情報が多いと、惑わされて基本的な確率のデータを忘れてしまう(例:企業家が必ず成功するものと思い込む)
	5.サンプルサイズの無視	特殊事例(サンプルサイズ=1)が意思決定を大きくゆがめることがある
	6.確率の見誤り(ランダムの過信)	失敗が続くと、次は成功すると思う(数回連続の失敗は統計上よくあること)
	7.中間値への帰納(Regression to the mean)の無視	一般に、大変良い結果が出た次は悪い結果であることが証明されているが、過去のデータの延長をそのまま信じたがる
	8.具体性の罠	より具体的な記述(例:女性の先生)のほうが、一般的な記述(例:先生)以上に確からしいと思いやすい

表 8-1 意思決定によくみられるバイアス（続き）

間違った基準に引っ張られることによって生じるバイアス		
	9. 基準修正の失敗	いったん「基準」が頭に入ると、それを修正することは難しい（例：根拠がなくても評判が気にかかる、第一印象に引っ張られる）
	10. 同時の錯誤	物事が同時に起きる場合には確率を過大予測し、独立に起きる場合は過小予測する（例：締め切りに5つのプロジェクトが間に合う）
	11. 自信過剰	比較的難しい問題に対する自分の判断を過信する傾向がある（例：生徒の8割が、自分は平均以上だと思う）
そのほかのバイアス		
	12. 偏った情報収集	自分の考えを正当化するデータばかりを（無意識に）探し、合わないデータを無視、過小評価する
	13. 結果からの後づけ	結果がわかった後、自分はもっとうまくやれた、思ったとおりだったと過信しやすい 自分は知っているが他人が知らないことを教える場合、いかにも他人も知っていて当然のように教える（例：説明のわかりにくい大学教授）

そこに自分なりの見方、経験則（heuristics）を知らず知らずのうちに作り上げます。問題は過去の経験や知識が当てはまるときは効率的で的確な判断が下せますが、そうでないときは、そうした自分の経験がかえって判断を誤らせることにもなります。

マンデー・クォーターバック・シンドロームという言葉がアメリカにあります。日曜日の夜にフットボールのテレビ中継を観たファンが、翌日になって「あれはこうするべきだった」「なぜあんなことをしたのかわからない」なんて食事しながら、したり顔で話したりするわけです。「月曜のフットボール談議症候群」とでも訳しましょうか。

実際にプレーしている選手にしてみれば、試合中はごく短時間で決断、行動しなくてはならないのですから、結果だけを見て「おまえはバカだ」と言われるのはたまったものではありません。日本でも野球やサッカーで同様の現象があります。そればかりか、何か事件が起きた際、それまでは「しっかり挨拶もする立派な人」だったのが、殺人の容疑者であるとわかると、急に手のひらを返したように「そういえば挨拶のとき、人の目を見ないことがあって、おかしいと思っていた」なんて言われてしまうことがあります。

こうしたバイアスで一番厄介なことは、本人には自分の見方にバイアスがかかっていることがわからないということです。次の意思変更のところでも述べますが、往々にして無意識のうちにそうした見方をしてしまうのです。したがって、リーダーとしては、最初から「自分の判断にはバイアスがかかっている」ぐらいに思っていたほうがいいのかもしれません。難しい意思決定の場面がきてからでは手遅れですので、普段からいろんな意見に触れたり、自分の強み、弱みを見直すことは、ここでも大切になってきます。

意思決定に関するバイアスは、組織レベルでもあります。平たく言えば、悪い情報が意思決定者に上がらないことです。問題が起こってもじつはトップが知らなかったというような例は、雪印に限らずいくらでもあるようですし、実際もっと早い時期にそうした情報が伝わっていれば、そこまで悪くなる前に手が打てたのではと思われるケースも少なくありません。

組織の一員になると、どうしても上司にはいい話だけを持って行きたいものです。自己保身ということもあるでしょうし、上司の喜ぶ顔が見たい、心配させたくないなんていうほろりとする理由もあるでしょう。あるいは、最初からたいしたことないと高をくっていることもあるかもしれません。いずれにせよ、現場の悪い情報が階層を経るたびに少しずつマイルドにされ、トップに行く着くころには影も形もなくなっていたりします。意思決定者の周りを「イエスマン」が取り巻いているような場合はなおさらでしょう。「現場に宝あり」「クレームは宝の山だ」などとよく言われながら、なかなか苦情やクレームが生かせないのはそうしたことと無縁ではないように思われます。

なぜ悪い情報が伝わらないんだと怒鳴りまくっても問題は解決しないでしょう。怒鳴りまくるから部下が怖がるだけですし、「怒らせないように」ということで悪い情報はさらに奥深く隠されるかもしれません。イギリスの名首相ウィンストン・チャーチルは、部下が自分を怖がっていることをよく知っており、そもそも悪い情報は上がってきにくいと考えて、「悪い情報を集める専任部署」を置いたことで有名です。

一口に「悪い情報」といっても多様ですし、企業においては毎日のように苦情や問題が発生します。社長が苦情係をやれるわけはないのですから、悪い情報にどう対処するのか、そうした情報の区分けを的確に出来る人を選び、仕組みを作って知っておくべき悪い情報を捕まえる努力が必要です。待っていては何も起こりません。

こうして考えてみると、意思決定者にとって最も必要なのは、**外側からバイアスを客観的に評価し、また悪い情報、耳の痛い意見をも率直に言ってくれるナンバーツー**

ではないかと思われます。

　歴史的にみると、ホンダ、ソニー、セコム、あるいはアメリカでもアップル、グーグルなど多くの成功した会社が二人で始まったことは偶然ではないように思われます。往々にして、技術と財務、外と内といったように、機能的な補完ばかりが注目を浴びますが、じつは女房役の本当の役割とは、**信頼の上に培われた率直な意見**ではないかと思います。

意思変更

　正しい意思決定をすることはたいへん重要ですが、先述のように人間の判断がいつも正しいなんていうのは不可能といっていいと思います。だとすれば、最初の意思決定と同じかそれ以上に重要なのは、意思決定をして、それがどうも疑わしくなった場合、いつ、どういう条件のもとに変更するかという意思変更です。

コミットすることの重要性と問題点

最近、いくつかの書籍で「コンコルドの誤り」が取り上げられ、少し有名になっていますが、失敗したにもかかわらず資源を投入し続け、さらに傷口を大きくする現象は、

エスカレーション・オブ・コミットメント

と呼ばれ、心理学、経営学の昔からの大きなテーマの一つです。日本でも、たとえば、融資先の経営がおかしくなったとき、そこでやめておけば一〇億円の損で済んだものの、何とか立て直そうとさらに一〇億円を追加融資して結局二〇億円を失うとか、新規事業を始めてなかなか業績が上がらないのに、「いつかは何とかなるのでは」という期待の下だらだらと続けるといった現象は、あちこちで見られると思います。一言でいえば、「泥沼にはまる」わけですが、こうした背景には、表8-2にあるようにレベルの違うさまざまな要因があります（Staw「The escalation of commitment: An update and appraisal」, Shimizu「Paradoxes of learning」参照）。

こうした要因に気をつければ、泥沼にはまることもないのかもしれませんが、話はそう簡単ではありません。なぜかといえば、そもそも将来については一〇〇パーセント予測がつくことなどないからです。今日、あるいは今年うまくいっていないから、もうこの事業は絶対ダメだとはなかなか言い切れません。少し前のアメリカの調査によれば、新しい家電商品が立ち上がるには平均六年かかるということですし、冷蔵庫が世の中に認められ売れ出すまでには一八年を要しました。

また、キヤノンのプリンター事

表 8-2 エスカレーション・オブ・コミットメントを生み出す要因

プロジェクトそのものの要因	●巨大投資額 ●高い撤退コスト（金銭的、心理的）
意思決定者にまつわる要因	●楽観、過信 ●自己正当化 ●フレーミング効果（損をしているときは、よりリスクの大きい賭けに出がちである） ●サンクコスト・バイアス（せっかくここまでやったのだから、やめるのはもったいない）
組織的要因	●ルール化（結果はともかく、決まったことをやり続ける） ●政治的な問題（社長がやるといったからやる） ●会社の価値観からの「聖域化」
社会的要因	●社内外の「成功」の期待 ●リーダーとしてのノルマ（偉大なリーダーは、苦境を克服して最後に成功するもの）

業なども研究開発から商品化までに二〇年以上かかっています（遠藤功著『ねばちっこい経営』参照）。近畿大学水産研究所長の熊井英水氏が世界で初めてクロマグロの養殖に成功するまでには、なんと三〇年かかっています。

「成功の秘訣は、成功するまで止めないことだ」

これは、松下幸之助氏の言葉です。

しかし、先ほどの追加融資や失敗した新規事業のように、箸にも棒にもかからないことはいくらでもあるのです。確かに、成功するまで止めなければ失敗にはならないのでしょうが、本当に成功するのか、あるいは成功に一〇年も二〇年もかかっていたら、そもそも世の中が変わって何の意味もなくなってしまうとすれば、傷口を早く止めたほうがいいに決まっています。その分の人や投資を別のことに振り向けていれば、もっと良い結果が生まれたかもしれません（機会損失）。

そう考えてみると、事業やプロジェクトの結果がはかばかしくない場合に、いつ、何を止め、何を残すのかはリーダーにとって最も重要な意思決定であるといえるでしょう。実際、たとえばキヤノンは何でもかんでも二〇年も三〇年もかけて開発しているわけではなく、一九七四年から始まったパソコン事業は一九九六年に撤退、一九九八年には一五年続けたＦＬＣ（強誘電性液晶）ディスプレイからも撤退しています。

意思決定の柔軟性を阻むもの

繰り返しになりますが、神ならぬ人間のみでは意思決定も、意思変更も完璧にはできません。ただ、これは変更を考えるべき案件であると認識して考え続けたときと、そもそも考えもしなかったときとでは、結果として同じ行動となった場合も、その後の対応や、あるいは将来同じようなことが起こった際に随分得られるものが違うはずです。

そうした意思変更の柔軟性を考える場合、そもそもそうした問題に**注意**が払われるか、**注意**を払った後に的確な**評価**ができるか、さらに**評価**をした後に迅速に**行動**ができるかどうかが問題になるでしょう。逆に、そうした**注意**、**評価**、**行動**を妨げる要因があるとすれば、問題の兆候が見えていても見逃したり、あるいは漫然と続けるだけで何の学習も得ることはないでしょう。下の表は、そうした意思変更の柔軟性を妨げるいくつかの要因をまとめたものです（Shimizu & Hitt, Strategic Flexibility, Acamemy of Management Executive, 2004）。

さらに、不十分な注意、甘い評価、遅い行動は、マイナスのシナジーをもってますます組織の柔軟性を失わせます。注意が不十分であれば、往々にして限られたマイナス情報しか目に入りません。だとすれば、評価が甘く、楽観的になっても当然ですし、楽観的な組織で何かを変えなくてはいけないという行動が迅速に起こることはまずありません。行動が起こらない＝何も変わらないわけですから、これまでと同じように、いいことだけに注意を払い、問題の兆候となるような出来事があっても、気がつかなかったり無視されたりということになります。こうしたことが続けば、問題が本当に悪化して、手遅れになるまで気がつかないとしても不思議ではありません。

表 8-3 意思変更の柔軟性の3つのステージ

段階	妨げる要因	要因の発生しやすい環境
注意	●油断、慢心 ●組織の「慣性」 ・陳腐化したルール、前例主義の蔓延 ・ルールに合わない新しいアイデア、情報の排斥	●過去の成功体験 ●「長期政権」 ●大組織(官僚化)
評価	●自己正当化 ●フレーミング(損をしていると捉えるとリスクを犯しやすい) ●社内政治	●投資額の大きいプロジェクト ●弱い企業統治 ●失敗に対して過酷な企業文化
行動	●プロジェクトの先行きの不透明感 ●変更への抵抗	●環境の不透明感 ●資金的余裕

問題が起こる前に備える

それではどうすればよいのでしょうか。結論から言えば、残念ながら決定的な対策はありません。しかし、こうした問題をできるだけ少なくすることはできるかもしれません。表8-4にまとめたのは、私のリサーチからの対策ですが、その多くは基本的なことをきちんと行うことです。

なぜそうした基本的なことが忘れ去られてしまうのかといえば、先ほどからの説明のとおり、「いつの間にか」「無意識のうちに」こうした罠にはまってしまうからです。だから、「素振り」が大切なのです。そして、罠にはまってしまったあとは既にバイアスがかかっていますから、自分にバイアスがかかっているとは（手遅れになるほど状況が悪化するまで）わかりません。その意味で、意思変更の場合は、特に**問題が起こる前に備える**ことが大切です。

特に重要な二点について触れておきます。一つは、新しいプロジェクトを行うときは、結果をきちんと測ることです。測るのが難しいとか、いい指標がないとか言って結果があいまいなまま進めていいことは何もありません。経営の怠慢です。往々にして、新しいプロジェクトは成功を前提に進められ、場合によっては「もし失敗したらどうするか」を考えることは、後ろ向きで社内のタブーになっている場合すらあります。確かに、「失敗したらどうしよう」と社員がびくびくしている場合と、「絶対に成功させてやる」と意気込んでいる場合とでは、成功の確率そのものも変わってきます。

したがって、リーダーは社員に弱気を見せてはいけません。「絶対に成功する」のです。しかし、それだけではお山の大将と変わりません。一方で、リーダーはノミの心を持っていなくてはならないのです。実行にあたる社員には知らないふりをしてでも、もしもの場合の備えをしておかなくてはならないのです。

もう一つは、社員はだいたい自分が担当しているプロジェクトに打ち込んでいますから、他が見えなくなります。しかし、リーダーは、

表 8-4 意思決定の柔軟性を維持するための施策例

1. 結果をきちんと測る。
2. 意思決定の過程で、意識的にマイナス／失敗の可能性を考える。
3. 問題が起きる前に、社外から新しい意見、違った見方からの評価を取り入れる。
    a.「長期政権」を避ける
    b. 定期的に社外取締役の入れ替えを行う
    c. 幹部の間で担当のローテーションを行う
    d. 提携先の企業から新しい見方、考え方を学ぶ
4. 1つのプロジェクトだけを見て評価をするのではなく、会社全体のプロジェクトを総合的に見て優先順位を決定し、資源配分を行う。
5. 失敗したプロジェクトを分析し、次の意思決定、評価に活用する。

一つ一つのプロジェクトではなく、全体を見渡していなくてはなりません。限られた資源、トレードオフという視点から見れば、「そのプロジェクトに可能性があるかどうか」ではなく、「そのプロジェクトを他のプロジェクトと比べた場合により可能性があるかどうか」でなくてはなりません。各担当者の思いを聞きながら、一方でトレードオフを貫かなくてはならないのです。

その効果がほんの少しだとしても、企業がプロジェクトを何十も手がけているとすれば、ほんの少しの違いが業績や競争力としては大きな違いになります。こうした意思決定、意思変更のバイアスの存在を理解し、小さいことでも早め、早めに手を打つことが重要なのです。

第9章

戦略の実行

以前、マイケル・ポーター教授に「戦略がない」と言われた日本企業も、近年はより高度で多彩な戦略を打ち出しています。競争相手との合併や連携といったこれまでには考えられなかったようなドラスティックな動きも見られるようになりました。一方で、戦略の実行は洋の東西を問わず、いまだに古くて新しい課題であることも確かです。

少し前のアメリカの調査では、八割近くのCEOが、自分の指示通りに組織が動かないと思っています。最近では三越の石塚邦雄社長が、質の高いサービスによる差別化を求めても「店頭に行くと、目先の売り上げを確保するためのワゴンセールが目につく」と嘆いておられましたし、日本企業の強みであったはずの「現場力」が弱くなっているという指摘もあります。

会社の英知を集め、あるいは高額のコンサルティング料を支払って決断した戦略を、あとは粛々と実行すればよいだけなのに、いったい何が問題なのか？　そう感じておられる経営者、リーダーは随分多いように思われます。一般に、上司が部下を見るよりも、部下のほうが上司をよく見ているといわれます。こうした悩みを経営者が持つとすれば、それと同等かまたはそれ以上の不満が、組織の中には埋もれているのかもしれません。

戦略の実行がうまくいかないと感じられる理由は、大きく分けて二つあるのではないかと思います。一つは、そもそも「出来た戦略をやるだけ」ということはあり得なくなっていることです。環境が毎日変わっているといってもいい現在、戦略は実行しながら修正されなくてはなりません。そして、もう一つは、四、五人のグループならともかく、何百人、何千人という規模の会社では、戦略の実行について人により解釈やコミットメントに大きな差が出やすいことです。一言でコミュニケーション（場合によっては「ノミュニケーション」）などと言われますが、じつは戦略の実行において根本的な問題はここにあります。

戦略の実行と修正ー走りながら考える

「戦略は立てて、後はやるだけなのに、なぜできないのか」という考えの裏には、「戦略を考えることは難しいが、いったんできた戦略を実行することはやさしい」という前提があります。しかし、現実のお客様・競合が思ったとおりに動いてくれることは稀です。技術がどんどん変わり、競争も激しくなる今日では、戦略の前提がそのまま当てはまることはむしろ少ないのではないでしょうか。

新たな戦略はその実行において、想定外の問題が発生するのが常です。顧客が思ったより保守的だ、コストが下がらない、競争相手が新技術で対抗してきた……。営業であれ、生産であれ、開発であれ、第一線に立つ社員が乗り越えなくてはならない実行の壁、リスクはいたるところにあります。

こう考えると、「現場の社員が甘えているだけ」のように見えなくもないですし、実際そういうことも多いのかもしれませんが、先ほどから見てきた数々の戦略の失敗の例、たとえばM&Aで失敗したダイムラークライスラー、大騒ぎされながら「もうシナジーはこりごり」になったタイムワーナー、あるいはゴーンに頼らなくてはならなくなった日産、国から出資を受けないと立ち行かなくなってしまった大銀行について考えると、どうもそればかりではないようです。

前章で述べた意思決定のバイアスに、自信過剰というのがありました。しかし、そもそも戦略が成功する保証なんてどこにもありません。もちろん、お金をかけて一生懸命分析し、徹夜などもしながら作ったのでしょうが、それはどこの会社もやっていることなのです。野球でもサッカーでも、必死に戦略を練り、練習したってどちらかは必ず負けるのです。企業だって競争があるのですから、敗者が出るのは当然ではありませんか。戦略を実行するのは、失敗するかもしれないリスクと背中合わせなのです。

戦略を実行するとは、そうしたリスクを認識し、走りながら考えることにほかなりません。**戦略の修正とは、戦略の実行の別の名前**です。迅速に実行、修正を行っていくためには、後で述べるように社内のコミュニケーションが闊達でなくてはなりません。悪い情報が共有できないのでは、戦略の修正どころではありません。悪い情報こそ、修正すべきところなのですから（「クレームは宝の山だ！」）。

ただ、先ほども指摘しましたとおり、「戦略が悪いから結果が上がらない」のか

「現場が甘えているから結果が上がらない」のかは結構判断が難しい問題です。トップがそうでないように、現場の人間だって聖人君子ではありませんから、楽ができるならしたいし、どうせ変わる戦略ならやりたくないものです。「トップは現場のことがわかっていない」などと言いながら、パチンコをしている営業マンなどもいるわけです。

そう考えてみると、「戦略の実行と修正」には**社内に緊張**がないといけないのでしょう。トップの言ったことは何が何でもやるというのでは環境変化についていけませんし、現場の不満や意見を全部取り入れるというのでは会社として成り立ちません。トップは会社を守らなくてはいけないわけですから、新しいアイデア、修正案には反対して当然なわけですが、それを乗り越えてトップを説得しようという意識、そして現場がそこまで言うならやってみるかという判断、その緊張感があってはじめて戦略の実行と修正は前に進むのではないかと思います。

「もう決まったことだから」なんていうのは社内で禁句にして、「それでは、おまえは何をどうやりたいんだ」という怒号が社内のあちこちで聞こえるような、現場からの突き上げが必要な時期ではないかと思います。アサヒスーパードライがいったん樋口廣太郎社長（当時）に却下された後、開発メンバーがもう一度社長を説得したように、あるいは空冷エンジンにこだわる本田宗一郎氏を部下が「クーデター」と言われながらも拒み通したように、戦略の実行と修正は実際に手を汚す人たちの真剣なフィードバックがトップを突き動かす、そしてトップの苦渋の決断が現場に伝わることがなければ決してうまくいかないのだと思います。

最後にもう一つ「**周辺視**」ということを付け加えておきます。これは、早稲田大学ラグビー部元監督の清宮克幸氏の言っていることで、氏の著書である『最強のコーチング』から引用します。

「周辺を見よ」とはどういうことか。たとえば、タックル・ミスをして相手に抜かれたとしよう。このときコーチは、この選手の動きの失敗だけを指摘してもだめなのである。選手、チームに質さなくてはならないのは、以下のような点である。

「タックルするためにどの位置からスタートしたのか」
「周辺の選手はどのポジションにいたのか」
「周辺の選手はどのような動きをしたのか」

「タックルに行くためにスタートを切るときにどこを見ていたのか」
大事なことは、ミスの結果だけに注目するのではなく、その周辺を見ることなのである。

ビジネスの世界でも、また安全・危機管理の世界でも、問題が起こると最後に引き金を引いた個人が悪いとされがちです。実際、日興コーディアル証券では粉飾決算を「個人のミスだ」などと突っ張っていましたし、トカゲの尻尾きりという言葉もあるくらいです。しかし、現実にはもっと組織的な、構造的な原因があることがほとんどです。担当者を叱責したり懲罰しても、そうした原因を解決しなければ同じことがまた起こります。

同様に、戦略実行の失敗でも現場の社員だけを見ていても根本的な解決、あるいは戦略の修正はできません。特に、現場の社員の見えることは限られているわけで、そうした現状の周辺を見て根本的な解決を図っていくには、トップだけでなく課長、部長といったミドルの責任が大きいのではないでしょうか。

コミュニケーション

従来、コミュニケーションはビジネスマンの基本的な能力の一つ、あるいはビジネスマナーの一環として捉えられ、また教育されてきました。コミュニケーションとは、情報通信機器への投資と考えている企業も多いのかもしれません。コミュニケーションが企業内で議論されるとき、良い、悪い以上の深い洞察が加えられることは少なく、コミュニケーションと各企業の戦略、直面する課題、環境、組織上の問題点などは別物として考えられてきたといってよいと思います。つまりコミュニケーションとは、各現場がきちんとやるべきもので、マネジメントの問題ではないと考えられてきたわけです。

情報による優位性が短命化し、戦略自体の差が極めてつきにくくなった現在、きちんと伝えて実行することが企業の業績の大きな差になっているとの経営者の認識も高まっているようです。しかし、依然としてコミュニケーションは、現場がきちんとやる程度のものだと思われていないでしょうか。

「まったく新しいことではないのだから」「同じ会社なのだから」という想定のため

に、細部の、しかし重要な違いに注意が払われないまま、指示が浸透したと思い込んでいないでしょうか。上司が喜ぶから、あるいは怖くて「わかりました」という場合もあるでしょうし、「わかりました」とは「言うことはわかるが、現場は違う」「できなければ仕方ない」という意味だと思っている現場も多いのです。

経営者が「忙しい中、全支店、工場を回って、大勢の社員と対話をした」としても、多くの社員にとっては何年かに一度の非日常にすぎず、また明日からはいつもの仕事に戻っていくのです。

一九六〇年代に行われたＩＢＭのSystem/360の開発プロジェクトには、四年間で五〇億ドル（現在の価値で約三〇〇億ドル）の巨費が投じられました。これは、原子爆弾開発のためのマンハッタン計画に投じられた資金の約二・五倍です。その巨大プロジェクトを率いたフレデリック・ブルックは次の言葉を残しています。

「部下は決してわからないとは言わない。わからないところは、自分で解釈する」

実際、戦略の指示はわかっているようで意外にわかっていないことが多いのです。たとえば「××セグメントを重点的に営業する」なんてあると、わかったような気がしますが、「重点的」なんていうのは、たいへん抽象的な言葉です。「既存のチャネルを利用して、新商品を売っていく」というのもそうで、じゃあこれまでの商品とのバランスをどうするのか、時間はどのように割り振ればいいのかなんてトップには具体的なイメージがあるのかもしれませんが、それだけでは現場に伝わりません。「自分で解釈する」ことになりがちです。日本マクドナルドの原田泳幸社長は、アップル時代を次のように振り返ります（日本経済新聞二〇〇五年九月一七日）。

アップル時代は激しい一四年間でした。学んだものの一つは、ランゲージ（言葉）は日本語と英語だけではないということでした。販売店、消費者、社内、米本社との間にも独特の言葉があり、すべての言葉の意味やニュアンスが違います。それを乗り越えないと本当のコミュニケーションはできません。結果が出ない限り、その方針は正しくないということも知りました。どんなに理屈が正しくても結果が出なかったらその論理は正しくないのです。

当然コミュニケーションは上から下へだけであるはずはなく、双方向でなくてはなりません。現場は「なぜできないのか」を伝えなければなりません。新しい戦略を実行しようとして、そもそも「質問」が上がってこないなんて、おかしいではないですか。そして「言葉の意味」「ニュアンス」まで理解してはじめて戦略が実行され、フィードバックが返ってきたことになるのだと思います。そうでなくては、コミュニケーションといっても「言い合い」でしかなくなるからです。だからこそ、これだけ電子メールが発達してもセブン-イレブンは毎週火曜日に加盟店主に指導を行うオペレーションフィールドカウンセラー一五〇〇人全員を集めて会議をしますし、ウォルマートだって毎週金曜日の午前中にアーカンソー本社に三〇〇人の幹部が集まるのだと思います。

先ほど「緊張」という言葉を使いましたが、実際はそれが「信頼」ではなく「触らぬ神にたたりなし」という状況を招いていることが随分あるかもしれません。戦略の中身とは少し離れますが、その戦略実行に欠かせない「評価制度」「人事制度」については、社内でのコミュニケーションがびっくりするほど乏しい企業が多いように思います。「いやそんなことない。ちゃんと個人面談をしている」のでしょうが、実際は本当に話したいことは我慢して、お互いを傷つけたり、後で気難しくなったりしないように取り繕って、かえって欲求不満が高まったりしていないでしょうか。もちろん、これは日本だけのことではありません。ジャック・ウェルチ『ウィニング　勝利の経営』（日本経済新聞社）にはこんな記述があります。

講演で「あなたたちのうち、昨年、じっと目と目を合わせて率直なフィードバックを受け、自分に何が足りないか、組織の中でどう評価されているかがはっきりとわかった人は手を挙げてください」とたずねると、一度二割くらい挙がったことがあるが、ほとんどの場合せいぜい一割だ。

個人の評価と戦略のコミュニケーションは違うのかもしれません。しかし、個人の評価もうまくできていないのに戦略のコミュニケーションがうまくいくはずがない気がします。実際、日本企業における成果主義の導入と失敗の事例などを眺めても、ほとんどが「成果主義を導入して失敗した」のではなく「成果主義を導入しようとして、別のものになってしまった」ため、モラルダウンなどを招いた結果なのです。

その根底には、良い情報ばかりを伝えたり、あるいはなんとなく不満でもそれをきちんと明らかにしないといったコミュニケーションの問題があるような気がしてなりません。先述の清宮克幸氏は次のように指摘します。

私が、実力主義、能力主義でやってきてもチームがぎすぎすしなかったのは、本人たちにきちんと説明できたからだと信じている。説明責任は政治家だけの専売特許ではない。チームを率いる監督、社長、そして中間管理職も、すべてその責任を果たさなければならない。このことなくして、チームにおけるモチベーションは向上しないのである。

ジャック・ウェルチは、その難しいことを認めながらも、組織の中で率直なコミュニケーションを図ることの重要性を強調してやみません。異質な人が集まり、異質な役をこなしながら（これはトップと現場ということも含めて）、「足し算ではなく、掛け算の強み」（西堀栄三郎）を作っていくためには、相手を怖がったりさげすんだりすることなく、率直に意見を言い合い、「本当に何を言いたいのか」を共有する努力がもっともっと必要ではないでしょうか。メールやメモは一人から多くの社員にメッセージを伝えるには効率的です。しかし、フェース・トゥ・フェースでないコミュニケーションでは、こちらの意気込みも伝わりませんし、相手の反応もわかりません。効率という名のもとに、本来なされなくてはならないことが忘れられていないかを考えてみるべきかもしれません。

戦略の実行に向けて

実行に関するリスクの軽視とコミュニケーションの軽視がかみ合えば、戦略の将来は容易に予測できます。どんなに緻密で、革新的なアイデアであっても（あるいは、それが革新的であればあるほど）、実行の段階でそれぞれの担当者が自分なりの解釈を加え、革新的でリスクの高い部分をそぎ落とす無難な伝言ゲームが繰り返されるでしょう。結果として、似て非なる戦略の実行が粛々と行われ、数字的にはそれほど悪くはないが、将来への新たな方向性が見えないまま、また次の戦略を考えることになるのです。戦略の中身は違っても実行に対する考え方が同じであるとすれば、同じ結果が繰り返されるのも不思議はないはずです。

経営者は実行のリスクを認識していること、そして、それでも挑戦しなくてはならないという強い気持ちを現場に伝えなくてはなりません。「思慮に富む武将は、配下の将兵を、やむを得ず闘わざるを得ない状態に追い込む」（マキアヴェッリ著『政略論』、塩野七生著『マキアヴェッリ語録』新潮文庫より）のです。第8章で申し上げたとおり、勇気とは失敗を恐れないことではなく、失敗を恐れながらも挑戦する気持ちであるとすれば、追い込まれる経験なしに勇気ある現場は生まれません。

追い込むとは、しかりつけて絶望させることでは決してなく、問題に直面して（させて）これまでは見落としていたかもしれない現場の小さな事象にも打開のヒントを探す貪欲さを持たせることです。お客さん、競合と日々直面している現場だけが持つ潜在力を突き動かすことです。

トップは、リスクに立ち向かう勇気の大切さを言葉と行動でもっとはっきりと示すことで、臆病で狡猾な現場を正しく追い込む必要があります。甘やかすのではなく、かといってすべてをコントロールするのでもない、現場とトップとの緊張感を生み出すものは、普段からのコミュニケーション、そして、そこから生まれる信頼関係以外にはありません。指示が都合よく解釈されたり、言葉だけが一人歩きしないために、トップはもっとエネルギーをかけてコミュニケーションを考えなくてはなりません。戦略実行の本質とは、トップと現場の双方がリスクを認識し、リスクを背負うことです。

「日本企業は戦略がない」と指摘したマイケル・ポーターに対し、ミンツバーグ、ランペルの両教授は、

「日本企業は（ポーターから）戦略を学ぶより、ポーターに戦略的に学習するとはどういうことかを教えたらいいいかもしれない」

とMITスローンマネジメントレビューで反論しました（「Reflecting on the strategy process」1999）。

効率的な電子メールなどなかった時代に、なぜたくさんの日本企業が競争力の高い仕組みを作り出すことができたのか？　それは**現場主義、トップと現場との近さという名に隠れたトップと現場の緊張感**にあったのではないかと思われてなりません。

ミニ ケース

ホンダのアメリカ進出

（Pascale「Perspectives on strategy: The real story behind Honda's success」California Management Review, 1984参照）

一九五九年ホンダは初めてアメリカに進出しました。その後の成功はご承知のとおりです。当時のデータでは、一九六〇年に五〇万ドルだった売り上げが、三五年後の一九九五年には七七〇〇万ドルと一五〇倍以上になり、シェアも大きく伸ばしました。面白いのは、この成功には二つの見方があったことです。

見方1

一九七五年ボストン・コンサルティング・グループ（BCG）は、イギリス政府の要請を受けて凋落しつつあったイギリスのオートバイ業界に対する戦略案を提案しました。特に、一九五九年から一九七三年にかけて、アメリカ市場におけるイギリス製オートバイのシェアは四九パーセントから九パーセントにまで激減しており、その原因分析と建て直し案作りが中心でした。

シェアを伸ばしていた日本のオートバイメーカー（特にホンダ）を分析したB

CGは、ホンダが日本で小型バイクに集中することで低コストを実現し、そのコスト競争力を持ってアメリカ市場を席巻したと結論付けます。この報告書は後にイギリス政府によって公表されることになり、ホンダの参入戦略は「規模の経済」「学習曲線」を利用し、これまでの「皮ジャン」層ではなく、バイクに乗ったこともない層を開拓した成功例としてハーバードのケースにも取り上げられ注目を浴びました。部品メーカーとの関係を含めた、日本型の生産方式も合わせて取り上げられました。

見方2

一九八三年、パスカル教授の招きで、実際のホンダのアメリカ参入に関わった役員ら六人がホンダの本社に会しました。そこで、実際何があったかを当時の責任者で一九五九年に最初にアメリカに赴任した川島喜八郎氏を中心にインタビューが行われました。川島氏は次のように述べます。

「最初にアメリカに渡ってまず思ったのは、こんな広くて豊かな国によく戦争を挑んだもんだということでした。……もう一つは、だれもが自動車を運転しており、本当にオートバイが売れるのかという疑問でした」

「正直言うと、当時戦略なんていうものはありませんでした。アメリカで売ろうというのは、新たな挑戦で、やってやれないことはないというホンダの文化にぴったりしていただけです」

「政府から外貨割り当ての許可をもらうのは大変でした。前の年にトヨタが大失敗していたので、政府はホンダが行って成功するわけはないと思っていたのでしょう。……当社はヨーロッパからの輸入品に対抗しようと考えていました。当社の製品はかなり良いところまで来ていたのですが、断然いいというわけではなく、実際どの製品を売ろうかということになって、宗一郎さんは二五〇㏄と三〇五㏄が良いじゃないか、ハンドルが仏像の眉毛みたいで良いじゃないかなんて感じでした。考えてもわからないので、五〇㏄のスーパーカブ、一二五㏄、二五〇㏄、三〇五㏄と四分の一ずつ持っていくことにしました」

「最初の一九五九年は真っ暗でした。なんせ、オートバイのシーズンが四月から八月なんてことをまったく知らず、始めたときはもう遅かったのです。翌年はさらに悪く、二五〇㏄と三〇五㏄のバイクからオイル漏れの故障が相次ぎ、なけなしの外貨を使って日本の研究所に空輸しました。アメリカ人はわれわれが考えていた以上にスピードを出すし、長く乗っていたのです」

「当初は、五〇ccのスーパーカブを売ろうなんてまったく考えていませんでした。何もかも大きいアメリカにはとっても不釣合いだったのです。……われわれはスーパーカブで営業に行ったり、買い物に行ったりしていました。すると（大手小売チェーンの）シアーズの購買担当から連絡があったのです。初めのうちはどうするか迷っていたのですが、大型バイクが故障で通用しないことがわかると、もう他に売り物はありませんでした。すると、驚いたことに、スーパーカブを売り出したのはバイク売り場ではなく、スポーツ売り場だったのです」

「それからあれよあれよという間にスーパーカブの人気が上がっていきました。……小売の人々は、スーパーカブを買っているのは普通のアメリカ人で『皮ジャン』タイプの人ではないと言うのですが、本当にそうした『普通のアメリカ人』をターゲットにしてよいものか随分悩んだものです」


ホンダの成功伝説は語り尽くされた感がありますが、このアメリカ進出の話は意外に知られていないのではないかと思います。そして、「勝てば官軍」的な解釈以上に、重要な示唆を与えてくれるのではないでしょうか。

成功企業分析のバイアス

往々にして、私たちは成功企業の秘密を知る、解明するときに「私たちの見方」で行います。つまり、先述の意思決定のところで触れたとおり、自分たちが頭に描いている「勝つ秘密」に近い事実ばかりに注目し、ある意味で「秘密を解明する」というよりは、自分たちの理論に合わせて「秘密を解釈」してしまうのです。それがいい場合もありますが、一方で「自分たちの知らない秘密」「これまでの理論からはかけ離れた成功要因」がある場合、解釈は大きくゆがんだものにならざるを得ません。

ホンダのアメリカ進出の成功は、まとめてしまえばBCGのレポートのとおりかもしれません。しかし、現実にそうした成功に至るまでの過程はとても戦略的であったとは言えませんし、はっきり言えば「出たとこ勝負」であったといってもよいでしょう。もちろん「出たとこ勝負」を薦めるわけではありませんが、こうしたBCGのレポート、あるいはハーバードのケーススタディなどはあくまで事後の解釈に基づいており、事前、あるいはことの真っ只中にある人々の苦労や決断の難しさを、「分析すればよかった」の一言ですましてしまう大きな誤りと背中合わせです。

マンデー・クオーターバック・シンドロームのところで説明したように、結果がわかった後の解釈は簡単です。しかし、それがゲームの最中にできるかどうかはまた別の話です。

パスカルは、「私たちは、いかにも組織が目的に向かって一直線に進んでいたかのように解釈しがちだが、現実は違う。組織が、計算違い、失敗、あるいは予期しなかったことにどのように対処したかが長い目で見たときに成功に大きく関連する」と指摘します。

ホンダはただ「ラッキー」だったのか

どんなに分析をし、緻密な戦略を作ったからといって成功するとは限りません。逆に、「戦略なんてなかった」ホンダの成功は、ラッキーの意味合いが大きかったことは否めません。しかし、本当に重要なことはやはり顧客の反応だと思います。初めに戦略があったにせよ、なかったにせよ、顧客のフィードバックを取り入れ、他社に真似できない仕組みをどれだけ早く作り上げることができるかが、最終的には戦略になるのです。その意味で、戦略とは「走りながら考え、実行しながら作り直す」ことが必要ですし、「結果も資源も事業の外にある」とドラッカーが言うのも、そういうことだと思います。

おそらく、ホンダにアメリカ進出の戦略が当初からあれば、もっと迅速に対応できたことでしょう。一方で、そうした戦略が固まったものとしてあれば、もしかしたらその当初の戦略から大きくかけ離れた顧客の反応に対して柔軟に対応できたかという疑問も残ります。意思変更のところで申し上げたとおり、分析と柔軟性をバランスさせることは簡単ではありませんが、それを迫られているのが現在の競合環境かもしれません。

経営学では、ラッキー、幸運はなかなかテーマになりにくいのです。林原の林原健社長は、運のメカニズムを何とか解明できないかと真剣に考えていると、日本経済新聞の「私の履歴書」で述べていました。

しかし現実的には、このホンダにしろ、アサヒのスーパードライにしろ、ある程度、幸運の要素があったことは間違いないと思います。そういう話をすると「いや、綿密な市場調査があったからだ」などと反論される方もいますが、その後のアサヒの新製品がことごとくといってよいほど失敗したのを見ても、あるいはニューコークの例を見ても、そんなに単純なものでないことがわかります。

一方で、運を生かせない企業も随分あるのです。業界全体の株価が上がっているのに、一社だけ横ばいであったり、競合他社が問題を起こしているのにもかかわらず、自社の体制が十分でなく、せっかく与えられたチャンスを生かせない会社を随分よく目にします。

たとえば、二〇〇一年、ブリヂストン傘下のファイアストン社がフォード社のSUV横転問題で大騒ぎになりました。しかし、この年、競争相手のグッドイヤー社はなんと赤字を計上しているのです。自らの製造ラインに問題があり、ファイアストンの敵失によるチャンスはすべてミシュランに持っていかれてしまったのです。

こう考えてみると、長い目で見れば、運はある程度公平に分配されているのではないかと考えてしまいます。そして、運があったときに過去のしがらみや思い込みを捨てて適切に反応できるか、運がくれたチャンスを迅速に戦略に組み込んで実行できるかどうかこそが、企業の成功、不成功につながるのではないでしょうか。ドラッカーの「事業で結果を出すとは、機会を生かすことである。問題を解決することではない」という言葉は、ここでも当てはまりそうです。

何が同じか、何が違うか

一点付け加えるとすれば、そもそも日本とまったく違うアメリカ、「何もかも大きいアメリカ」で、日本の大ヒット商品、スーパーカブが大成功を収めたということの事例は、海外、あるいは未知の市場に進出するときに「何が違うか」ばかりに気をとられると、本当に重要な「何が同じか」という点を忘れてしまう可能性があることを示唆しているように思います。

「アメリカはこんなに違う」「こんなに大きい」「こんなに怖い」などなど、違いを強調したほうが本や雑誌は売れるでしょうし、またコンサルタントの価値も上がりそうです。もちろん、違いは重要なのですが、共通点もまた必ずあるのです。もしホンダが最初の進出のとき大型の二五〇cc、三〇五ccに絞ってスーパーカブを持っていかなかったら、今の姿はなかったかもしれません。

結びにかえて

経営はサイエンス(分析)かアート(直観)か再考

経営はサイエンスかアートか、そんな話を皆さんも一度はどこかで聞かれたことがあるのではないでしょうか。最近では、一橋大学大学院の野中郁次郎名誉教授が日本経済新聞夕刊で書かれていました。

アメリカでも、MBA出身者が相変わらず経営の中核を占める一方で、「MBAといっても教えているのは分析で、経営(マネジメント)ではない」「二一世紀になっていろいろなことが変化しているにもかかわらず、MBAは相変わらず二〇世紀の経営手法を教えている」といった意見が絶えないのも、根は同じところにあるように思います。ミンツバーグの分類によれば、戦略をデザイン、計画やポジションと捉えればこれはサイエンス（分析）でしょうし、一方でビジョンや考え方であると捉えれば、アート（直観）に大変近いと言えます。

戦略の立案は大まかに言えば、

（1）まず戦略課題を明らかにし、
（2）それに対する代替案の仮説を作り、
（3）仮説の検証を通じて最適な方向を示すこと

です。

その際に重要なのは、３Ｃ分析といわれる、顧客ニーズの分析、自社の強み・弱みの分析、競争相手の分析ですし、その切り口となるのは、スイッチングコスト、規模の経済、一番手、二番手という視点です。そうはいっても、もはや戦略立案と実行は切り離せないことも前章で述べました。戦略は実行結果のシステマティックなフィードバックを通じて常にリニューアルされる必要があります。その意味で、戦略はサイエンスとしての要素を色濃くもっているといってよいでしょう。

それでは、分析がどのように問題や代替案を導いてくれるのでしょうか？　そもそも、何を分析したらよいのでしょうか？　分析が科学的だとすれば、一つの問題に対してはだれが分析しても同じ解答が得られるのでしょうか？

ケーススタディであれば、程度の差こそあれ当事者の抱える問題点が提示されており、解決案を出すためにケースに情報が与えられています。しかし、実際の会社では、問題があるのかないのか、あるとしたらどのようなもので、どのようなデータをどう分析したらそのようなものになるのかを教えてくれる「ケース」「先生」はどこにも存在しません。もちろん、業績が大幅に悪化したり、株価が急落したりすれば問題があることはわかるわけですが、当然そうなる前に手を打ちたいところです。

その意味では、だれかが「おかしい」「変だ」と感じたところから分析なり、見直しなりは始まるわけで、その「感じ」はアートの領域のように思われます。これは、問題発見だけでなく、そもそも企業家がどのような事業を始めようとするかという判断や、外見からはとてもうまくいきそうにない新規事業を成功させてしまうようなケースにも当てはまるだろうと思います。逆に、いかにもうまくいきそうな事業に失敗するケースも散見され、もしかしたらこれも当てはまるのかもしれません。

ミンツバーグは、戦略案・計画（strategic planning）と戦略思考（strategic

thinking）は違うものだと指摘します（『The rise and fall of strategic planning』1994）。案や計画作りの中心は分析ですが、分析は経営でも戦略でもないと彼は言い切ります。なぜなら、有効な戦略とはビジョン（ウェルチ流に言えば「うん、なるほど（Aha!）」と思えるような競争の勝ち方ということでしょうし、日本流に言えば「腹におちる」会社の方向性という意味ととっていいと思います）であって、ビジョンはさまざまな情報の「統合」（Synthesis）から生まれてくるのに対して、分析は情報を細分化し、数値化／明確化することだからです。

統合化は人間の直観や創造性にゆだねられているのです。また、繰り返しになりますが、分析とは過去のデータであって、分析で未来を予測するといっても、過去のデータに味付けをするにすぎず、未来に対する新しい洞察は生まれてきません。この点につき、くらたまなぶ氏は「市場調査は過去のデータの分析、つまり算数。マーケティングとは未来の人の気持ちを考えること、つまり国語」と鋭い指摘をされています。

さらにミンツバーグは、分析だけでは人を動かすエネルギーが生まれてこないことを挙げています。

それでは分析が不要なのかといえばそれはやはり違うわけです。分析とは、そうしたビジョン・戦略を生み出すために欠かせない原材料を与えてくれるとともに、思い込みで偏りがちな経営者の見方・考え方に冷徹なデータを提供してその修正を迫ります。

また、戦略が明らかになった後、具体的にどのようなステップ、タイミングで展開していくかを考えるためには、分析を踏まえた戦略計画が必要です。要は、経営、戦略を考える際にサイエンス（分析）もアート（直観）も重要だが、この二つの役割はまったく異なるもので、間違ってはいけないというのがミンツバーグの結論です。二〇年以上前に書かれた古典的名著『企業参謀』の中で、大前研一氏は「非線形思考の重要性」として次のような指摘をされています。

「戦略的」と私が考えている思考の根底にあるのは、一見混然一体となっていたり、常識というパッケージに包まれたりしてしまっている事象を分析し、物の本質に基づいてばらばらにしたうえでそれぞれのもつ意味合いを自分にとってもっとも有利になるように組み立てたうえで攻勢に転じるやり方である。……世の中の事象は必ずしも線形でないから、要素をつなぎ合わせていくときに最も頼りになるのは（システムズアナリシスなどの方法論ではなく）、この世に存在する最も非線形的思考道具である人間の頭脳のはずである。……冷徹な分析と人間の経験や勘、思考力を、最も有効に組み合わせた思考形態こそ、どのような新しい困難な事態に面しても、人間の力で可能なベストの解答を出して突破してゆく方法であると思う。

それではアート（直観）はどこからくるのでしょうか。それは才能であって、一般の人間の窺い知れないものなのかもしれません。ただ、一方で次のような寓話は、アート（直観）のあり方をもう一度見直すきっかけを与えてくれるように思います。

二人の男が何十年ぶりかで再会をした。二人は古い友達で、子供の頃はいつも一緒に遊んだり、勉強したものだった。その後、一人は大学を出て都会に住んで大企業に勤め、一人は田舎に移り住んで自然と交わる農業を選んだ。

都会の男が訪ねてきたとき、田舎の男には外でコオロギが鳴いているのが聞こえた。

「いい音色だろう。あれを聞くと心が休まる」

そういう田舎の男に対して、都会の男の反応は鈍かった。

「え、何が聞こえるって？　風が強くて何も聞こえないや。こんな田舎なんて、つまらないだろう」

それでも二人は久闊を叙し、楽しく過ごした。


次の機会に田舎の男が都会を訪ねると、都会の男は繁華街へ食事に誘った。音楽やら、人の話し声で、田舎の男は耳が壊れそうになったが、それでも二人の食事は楽しかった。


そのとき、突然、都会の男が言った。

「おい、今何か聞こえなかったか」

田舎の男は何のことかさっぱりわからなかった。音楽と人声の騒がしさで、都会の男の声を聞くのがやっとだった。

コンクリート敷きのフロアーに目を二、三度やったと思ったら、都会の男はおもむろに立ち上がり、少し離れたところに落ちていた一〇〇円玉を拾った。

「やっぱりあった。チャリーンと音がしたもの」

おそらく、都会の男にとって風の音が激しい夜にささやかなコオロギの音色を拾う田舎の男の感覚はアートに見えたでしょうし（気にしたとすればですが）、同様に喧騒の中で硬貨の落ちる音を聞き分ける都会の男は、田舎の男にとって信じられない感覚の持ち主に思えたでしょう。そう考えてみると、アート（直観）とは、すべてがそうでないにしても、ある程度の期間、常にあることに注意を払った結果、さまざまな情報が頭の中に蓄積され、そうでない人から見ればアートとしか見えないほどの速さ、あるいは突拍子のなさで、情報が結びつき、ある結論を出したり、行動ができるということではないかと思います。

実際、ベルリンに集まった神童と呼ばれるような若いすぐれた音楽家（少年／少女）の最近の研究によれば、最終的にその音楽家の技術レベルが世界で一流と認められるかどうかは「練習に費やした時間」の一点だけでほぼ説明がつき、才能だとか両親がどうだとかというほかの要因が入る余地はほとんどないことがわかっています（ビジネスウィーク誌二〇〇六年八月二一、二八日号）。また、作家の藤沢周平氏は幕末の傑人・清河八郎に題をとった『回天の門』のなかで、千葉周作に成年になってから入門を請う八郎との会話を次のように描きます。

「晩学ですが、ものになりましょうか」

「ものになるかならないかは修行次第だの。子供のころからやっておっても、修行に身が入らねば剣は伸びない。晩学でも一心にはげめばかなりのところまでは行くだろう」

「天賦の才というものがあると思いますが」

「多少はある。だが、才あるものは、またよくはげむものだ。ゆえに伸びる。要は修行次第だの」

創業者を中心に野生の勘を持ったカリスマ経営者が昔も今も話題になります。結局、その野生の勘も、会社に対してどれだけ心血を注ぎ、さまざまなニュース（それは顧客のことだったり、競合のことだったり、あるいはまったく関係のないように見える海の向こうのことだったりするのかもしれませんが）に神経を尖らせて眠れない夜を過ごした毎日の蓄積が生んだものなのではないでしょうか。毎晩、毎晩、自分なりの「素振り」を繰り返した結果なのではないでしょうか。

狂犬病ワクチンなどで有名なフランスの細菌学者、パスツールには次のような言葉があります。

“Chance favors the prepared mind.”(準備のあるものにだけ幸運は微笑む)。

経営はサイエンスかアートかではなく、野中先生が指摘されるように、サイエンス(分析)とアート(直観)とがお互いに影響しあうプロセスだと思います。ただ、一経営学者の私の意見を言わせていただければ、アートの本質は決して言うほど格好よいものではなく、執念とか情熱とかの入り混じった大変人間くさい「気持ち」の問題なのではないかと思います。

分析に対して本当にそうかと疑い、可能性を追求すると同時に、自分の考えた戦略が事実の分析によって覆されれば修正を甘んじて受ける「葛藤」が経営をつかさどることの根底にあるのではないでしょうか。繰り返しになりますが、勇気とは、失敗を恐れないことではなく、失敗を恐れながらも挑戦する強い気持ちであるとすれば、経営とは大変勇気のいる仕事です。環境が次々と変化し、さまざまな不確定要因があり、時にはまったくだれも想像すらできなかったようなことが起きる中で、経営戦略を作り、トレードオフを含んだ意思決定をすることは、どんなに分析をしたとしても「確実に成功する」ことはあり得ません。それでも、進まなくてはならないのです。

「社長になって、初めて神様に拝んだ」とおっしゃる方がいるのもたいへんよくわかりますし、起業するとは、「恐怖クラブへの仲間入りだ」（ウィルソン・ハーレル『起業家の本質』英治出版）というのも誇張ではないでしょう。

しかし、こうした恐れ、不安があるからこそ、すぐれた経営者は一方で意思決定をしながらも他方で常に会社やその環境にいつも気を配り、現場の声を見逃さないようにするのだと思います。そうした恐れに裏打ちされた勇気の積み重ねこそが、分析を通じたさまざまな情報とあいまって、経営に対する直観、パスツール流に言えば「プリペアードマインド」を作り出すのだと思います。その意味で、作家の故辻邦生氏がフランス革命の黒幕フーシェに言わせた次の言葉は、経営に立ち向かう基本姿勢を端的に言い表していないでしょうか。

「人間の成功には才能は関係ない。注意深さと少しの行動力があればよい」

あとがき

"publish or perish"といわれるアメリカの大学の世界に入って7年になります。「publish」とは論文を学会誌にのせることですが、1つの論文を書き上げるのに数ヶ月から1年以上かかることもまれではありません。やっと完成して投稿すると、そこにはその論文のテーマに詳しいレビュアーといわれる匿名の評価者（通常3名）が立ちはだかります。「何も新しいことがない」「一貫性がない」などから始まり、微にいり細にいり問題点を指摘され、数ヵ月間待った挙句、「即却下」になることも珍しくありません。そうしたコメントを怒りを抑えながら読むこともありますし、自分の至らなさにがっかりしながら読むこともあります。そして、また数ヶ月をかけて書き直し、別の学会誌に投稿、却下、見直し、投稿、却下……こんなことを繰り返してきたのがこの7年間（博士課程時代を入れれば11年間）といってもいいと思います。運良く現在までに9本の論文が審査を通り、掲載されるか掲載が決まっていますが、そこに至るまでに受け取った「却下」の数はその10倍に近いのではないかと思います。当初3年間はなかなか論文が通らず、この論文数がティーチングの評価とも、つまり6年間の試用期間後の「クビ」を左右するため（perishの部分です）、却下の知らせを受け取るたびに焦り、落ち込んでおりました。建築のことを知りもしないのにタイトルに惹かれて買った『連戦連敗』（東京大学出版会）という建築家の安藤忠雄さんの著書を大事に読んだのもこのころでした。

振り返ってみると、コンサルタント時代も同じようなものでした。一時は新聞社に行くことが決まりながら、その前に唯一受けて内定を頂いたボストン・コンサルティング・グループ（BCG）から吉越亘氏ら数名が飛び出して新しい会社を作るという話を聞き、設立2ヶ月のコンサルティング会社（コーポレイトディレクション＝CDI）に飛び込んだのです。それなりに高揚感も自信もあったと思うのですが、「連戦連敗」の時期は随分長くあったような気がします。今考えれば、世の中の常識も経営の常識も知らなかったのですから当たり前ではあったのでしょうが、それなりに苦しんでいました。特に、プレゼンテーションが下手で、練習に立ち会ってもらった先輩に文字通り「さじを投げられた」こともよく覚えています。

そうした私が、会社を辞めるときには顧客企業から指名されるようにまでなり、まがりなりにも引き止められ、今では英語で学部生やＭＢＡの学生に授業をし、テニュアまで取れたのですから、人生何が起こるかわかりません。ただ、ひとつ言えるのは、こうした経験が、経営戦略を考え、教える今の仕事に結果として一本筋を通すことになったのではないかということです。結局、大事なのは、いいアイデア、考えをもっているかどうかではなく、「説明されたアイデア」が「他人から見て」よいかどうかなのだ。そして、他人に本当にわかってもらうためには、枝がどんなにたくさんあるか、葉がどれだけ生い茂っているかではなく、幹の太さ、根の強さから入らねばならない。そして、多くのビジネスマンは、「連戦連敗」時代の私を含め、枝や葉に気をとられすぎているということに気づいたのです。

冒頭にも書きましたが、本書は随分簡単に言い切りすぎているところが多いだろうとは思います。ただ、そうした基本的な「言い切り」ができない戦略は、おそらく「幹」や「根」に自信がなく、どこかで枝や葉で「ごまかし」ており、短期的にはともかく、戦略の命である「中長期的」な効果に限界があるのではないかとも思います。本文中に何度か「素振り」という言葉を使いましたが、経営や戦略を初めて考える方にとっても、戦略をわかっている方にとっても、本書が「基本」の幹や根っこをあらためて見直す鏡のような役割を果たすことができれば大変うれしく思います。

最後に、この本ができ上がるにあたり、これまでお世話になった多くの方々に改めて御礼を申し上げたいと思います。特に、二人の子供を抱えて学生にまた戻るというわがままに、何とか耐え励ましてきてくれた妻、そして両親には、感謝の言葉もありません。また、右も左もわからなかった私を厳しく鍛えていただいたCDIの先輩、同僚、後輩またスタッフの方々には本来一人一人名前を挙げてお礼を申し上げなくてはいけないところでしょうが、ここでは先述の吉越亘氏、現代表の石井光太郎氏の名前をあげるにとどめさせていただきます。日経BP社の黒沢正俊氏がこの企画に目を止めていただかなければこの本が世に出なかったことも申し添えます。。

テキサス州サンアントニオにて
二〇〇七年四月

清水勝彦

著者略歴

清水　勝彦
しみず・かつひこ
慶應義塾大学大学院経営管理研究科教授

東京大学法学部卒。ダートマス大学エイモス・タックスクール経営学修士（MBA）、テキサスA&M大学経営学博士（Ph. D.）。8年間の戦略コンサルタント（コーポレイトディレクション、プリンシパル）経験をへて研究者に。専門分野はM&Aを含む経営戦略立案・実行とそれに伴う意思決定、戦略評価と組織的学習。テキサス大学サンアントニオ校アソシエイト・プロフェッサーを経て、2010年4月から現職。著書に『リーダーの基準　見えない経営の「あたりまえ」』、『戦略と実行』、『あなたの会社が理不尽な理由　経営学者の読み方』、『経営意思決定の原点』（以上、日経BP社）、『なぜ新しい戦略はいつも行き詰まるのか？』（東洋経済新報社）ほか。日本企業に対する幹部研修等の実績も多い。

戦略の原点

発行日　二〇〇七年五月二八日　第一版第一刷発行
　　　　二〇一七年五月二三日　第一版第七刷発行

著者　清水勝彦
発行者　村上広樹
発行所　日経BP社
発売所　日経BPマーケティング
郵便番号　一〇八－八六四六
東京都港区白金一－一七－三　NBFプラチナタワー
電話　〇三－六八一一－八六五〇（編集）
　　　〇三－六八一一－八二〇〇（販売）
http://ec.nikkeibp.co.jp/

装丁　岩瀬　聡
本文デザイン　内田隆史
製作　クニメディア株式会社
印刷・製本　中央精版印刷株式会社

本書の無断複写複製（コピー）は、特定の場合を除き、著作者・出版者の権利侵害になります。

©Katsuhiko Shimizu 2007 Printed in Japan

ISBN 978-4-8222-4586-3